# 民國歷史與文化研究

十七編

第 **3** 冊

「三百六十行」詳考續（民初篇）
——從煙畫《三百六十行》看民初的市塵風情（上）

李德生、王琪 著

花木蘭文化事業有限公司

國家圖書館出版品預行編目資料

「三百六十行」詳考續（民初篇）——從煙畫《三百六十行》看
民初的市廛風情（上）／李德生、王琪 著 -- 初版 -- 新北市：
花木蘭文化事業有限公司，2023〔民112〕
目 10+150 面；19×26 公分
（民國歷史與文化研究 十七編；第 3 冊）
ISBN 978-626-344-384-6（精裝）
1.CST：社會生活 2.CST：文化 3.CST：民國史
628.08                                    112010404

ISBN-978-626-344-384-6

9 786263 443846

民國歷史與文化研究
十七編 第三冊                    ISBN：978-626-344-384-6

## 「三百六十行」詳考續（民初篇）
### ——從煙畫《三百六十行》看民初的市廛風情（上）

作　　者　李德生、王琪
總 編 輯　杜潔祥
副總編輯　楊嘉樂
編輯主任　許郁翎
編　　輯　張雅淋、潘玟靜　美術編輯　陳逸婷
出　　版　花木蘭文化事業有限公司
發 行 人　高小娟
聯絡地址　235　新北市中和區中安街七二號十三樓
　　　　　　電話：02-2923-1455／傳真：02-2923-1452
網　　址　http://www.huamulan.tw 信箱 service@huamulans.com
印　　刷　普羅文化出版廣告事業
初　　版　2023 年 9 月
定　　價　十七編 6 冊（精裝）新台幣 16,000 元

# 「三百六十行」詳考續（民初篇）
## ——從煙畫《三百六十行》看民初的市廛風情（上）

李德生、王琪　著

## 作者簡介

　　李德生（1945～），原籍北京，旅居加拿大，係加拿大文化更新研究中心研究員，致力於東方民俗文化和中國戲劇之研究。有如下著作在國內外出版發行：

　　《束胸的歷史與禁革》（臺灣花木蘭文化事業有限公司出版，2021 年 3 月）；

　　《粉戲》（臺灣花木蘭文化事業有限公司出版，2021 年 3 月）；

　　《血粉戲及劇本十五種》（上中下）（臺灣花木蘭文化事業有限公司出版，2021 年 8 月）；

　　《禁戲》（上下）（臺灣花木蘭文化事業有限公司出版，2021 年 8 月）；

　　《炕與炕文化》（臺灣花木蘭文化事業有限公司出版，2021 年 8 月）；

　　《煙雲畫憶》（臺灣花木蘭文化事業有限公司出版，2021 年 8 月）；

　　《京劇名票錄》（上下）（臺灣花木蘭文化事業有限公司出版，2021 年 8 月）；

　　《春色如許》（臺灣花木蘭文化事業有限公司出版，2022 年 3 月）；

　　《讀圖鑒史》（臺灣花木蘭文化事業有限公司出版，2022 年 3 月）；

　　《摩登考》（臺灣花木蘭文化事業有限公司出版，2022 年 3 月）；

　　《圖史鉤沉》（臺灣花木蘭文化事業有限公司出版，2022 年 3 月）；

　　《旗裝戲》（臺灣花木蘭文化事業有限公司出版，2022 年 8 月）；

　　《二十四孝興衰史》（臺灣花木蘭文化事業有限公司出版，2022 年 8 月）；

　　《富連成》（上下）（臺灣花木蘭文化事業有限公司出版，2023 年 3 月）；

　　《丑戲》（臺灣花木蘭文化事業有限公司出版，2023 年 3 月）；

　　《三百六十行詳考》（上下）（臺灣花木蘭文化事業有限公司出版，2023 年 3 月）；

　　《清代禁戲圖存》（上下）（臺灣花木蘭文化事業有限公司出版，2023 年 3 月）；

　　王琪（1942～），著名評劇表演藝術家，中國戲劇家協會會員。原籍北京，致力於戲劇演出，多次榮獲市文化局頒第一、二屆「中青年戲劇調演表演獎（《癡夢》）」、「戲劇《秦香蓮》《三姑鬧婚》演出百場獎」和部頒「戲劇電視連續劇（《慧眼識風流》）金獎」。旅居加拿大後，致力戲劇教育工作並從事東方民俗文化之研究。有如下著作在國內外出版：

　　《清宮戲畫》（中國社科出版社出版，2020 年）；

　　《春色如許》（臺灣花木蘭文化事業有限公司出版，2022 年 3 月）；

　　《摩登考》（臺灣花木蘭文化事業有限公司出版，2022 年 3 月）；

## 提　　要

　　筆者在花木蘭文化事業有限公司的大力幫助下，編輯出版了《「三百六十行」詳考》一書，書中取用了清代末年日本村井兄弟株式會社在華出版的民俗煙畫三百餘枚，真實生動地描述了我國晚清時期城鄉的市廛風情，反映良好。辛亥革命之後，清廷遜位，舊日「三百六十行」的根基受到了衝擊，除封建小農經濟狀況下農村鄉鎮的日常生活和習俗變化不大，而城市中的百工雜役、民生諸業使華夏的經濟生活發生了一定的蠕變。社會分工的細化，新行當、新職業的不斷派生，就出現了新的「三百六十行」。筆者將自己收藏的民國初年，既上世紀二、三十年代中外煙廠出品的有關市廛民俗方面的煙畫進行了整理，編撰了《「三百六十行」詳考（續）》一書，選用煙畫二百餘幀，將民國初年的市廛風情進行描繪，一一注以圖釋，遂成此書。子曰：「逝者如斯」，今日之水遠非舊日之水，一晃百年已過，這些小小的圖片猶在絮絮叨叨的「談玄宗」，正說明「三百六十行」這句老話，還有其深厚、值得深究的文化內涵。

# 目

# 次

# 一、民初的市廛風情

　　1911 年 10 月武昌起義之後，辛亥革命爆發，自湖南省開始，漢地十八省大都起來造反，全力追隨革命，紛紛宣布獨立。彼時宣統皇帝溥儀年僅 6 歲，尚無行為能力，全由隆裕皇太后垂簾聽政。隆裕太后委任近臣蔭昌署理陸軍大臣，袁世凱任內閣總理，全力討伐革命軍，為搖搖欲墜的清廷續命。然而，聰明的袁世凱，首鼠兩端，相機行事。一面故作聲勢出兵征剿，一面和革命黨進行談判。經過南北議和，基本達成了《清室優待條件》，黃興也保證袁世凱在清室退位後出任大總統。於是，袁世凱以二十一省督軍的名義，懇請清廷遜位。隆裕皇太后出於無奈，含淚應允，簽署了退位詔書。書云：

> 今全國人民心理多傾向共和。南中各省，既倡議於前，北方諸將，亦主張於後。人心所向，天命可知。予亦何忍因一姓之日尊榮，拂兆民之好惡。是用外觀大勢，內審輿情，特率皇帝將統治權公諸全國，定為共和立憲國體。近慰海內厭亂望治之心，遠協古聖天下為公之義。

　　就此宣布了清廷遜位，結束了三百年的滿清的封建統治，自此國體走向共和。

　　從此大清帝國的黃龍旗落下，中華民國的五色旗冉冉升起。袁世凱出任了共和國首任大總統。一時間「車水馬龍旗五色，官蓋簇擁滿京華」，而「斯民蒙憧徒憔悴」矣。未幾，袁世凱私心膨脹，竟冒然稱帝，到先農壇祭拜天地去了。遂引發眾怒，雲南蔡鍔率先擁軍倒袁，從此，引發了軍閥混戰。一時間「你方唱罷我登場，四海處處動刀槍」，釀就民國初年的動盪和不安。但是，畢竟時代不同了，正如孫中山先生所言：「世界潮流，浩浩蕩蕩。順之者

倡，逆之者亡。」不僅袁世凱的皇帝夢只做了八十三天，而羸弱的國民經濟、市井風情、五行八作、市廛江湖，在時起時伏的兵燹戰亂之中，也發生著悄悄變化。

左圖為法國公司出版貿易卡中的垂簾聽政的隆裕皇太后（因傳聞有誤，誤印為慈禧）。右圖為幼年時的宣統皇帝愛新覺羅・溥儀。

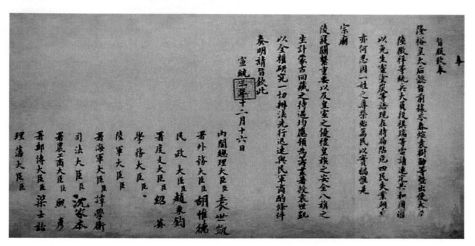

此詔書後由原內閣中書張朝墉收藏，與同時發布的兩個相關詔書及 2 月 3 日的授權談判詔書合稱《遜清四詔》，裱為一卷。張歿後，由北京師範大學校長陳垣購得，1975 年起由中國革命歷史博物館（現中國國家博物館）收藏。

圖為大清王朝在 1901 年就此降下來的大清帝國的黃龍國旗。這枚由英美煙公司印在絲綢上的香煙畫片，現為筆者珍藏。

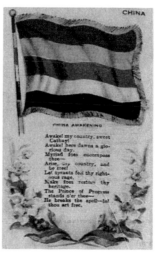

圖為英美煙公司在 1911 年慶祝民國伊始大總統袁世凱登基發行的絲綢煙畫。

筆者在《三百六十行詳考》一書中，從煙畫《三百六十行》的角度，分析了我國清末時期城鄉的市井民情。這套日本村井兄弟株式會社於清光緒末年，在華發行的巨製煙畫，共計三百三十餘枚。生動細緻地描述了我國在封建小農經濟的生產狀況下的各行各業，以及他們的勞作與分工。在攝影技術尚不發達的時期，這些精美的圖畫詳實地記錄士農工商、五行八作、「三百六十行」的生活狀況，為今人研究清代末年的市井民風，提供了直觀且清晰的圖證。

　　進入民國以後，上層社會雖然出現了巨大的變化，但對於下層民眾而言，經濟生活和世態民風諸方面並無多大改變。無非是男人剪去了辮子，女人擺脫了束胸、放開了小腳。種地的依舊種地、打魚的依舊打魚。鄉間婚喪嫁娶的舊俗如故，進香拜佛的迷信依然。農村的一切恰似聞一多先生寫的一首詩：「這是一溝絕望的死水，清風吹不起半點漪淪」（見聞一多《死水》詩）。

　　以上為英國傲爾登煙草公司在清末民初發行的兩枚煙畫，上圖為城市上層富人依然過著養尊處優的閒散生活。下圖則為鄉鎮的拳民，依然留戀著義和團的英勇。

　　民國伊始，外國資本相繼進入中國的大都市逐利求金。煙草市場的競爭最為激烈。各種名牌香煙在巨大的宣傳攻勢之下，爭鬥得你死我活。做為香煙促銷的排頭兵——香煙畫片，也爭奇鬥豔、各顯神通。村井兄弟出品的《三百六十行》煙畫，開啟了這一題材的先河。鑒於民眾的喜聞樂見，使得許多中外煙廠紛紛倣仿。

　　1904 年，中國官助民營的中國紙煙公司和北洋煙草公司成立之後，南洋兄弟煙草公司、華成煙草公司、大東、福興、福昌、華品、萃眾、中南等等一大批民資煙草公司也相繼成立。在激烈的煙草大戰之中，這些公司也先後出版了更多描繪新「三百六十行」的煙畫。其中，以英國煙草公司出版的《七十二行》，英美煙公司出版的煙畫《交通與運輸》，上海華成煙草公司在 1929 年出版的《民國百業》等最為突出。國內、外民俗學者和社會學學者對這一部分作品也十分重視，舊的行業被淘態而消失，新的行業應運而生，這些「圖史」「圖證」也給這一特殊的時代留下了保貴的記錄。

　　筆者有幸收藏有一萬多枚老煙畫，方寸間的圖畫，詳實地描述這一時期的市井生活最是豐富。筆者曾在加拿大 UBC 大學、溫哥華中信中心、列治文藝術展覽館舉辦過煙畫大展，得到了加拿大人類學博物館、加拿大文化更新中心和西門菲莎大學亞洲文化中心的熱情關注，學者們對於這些畫面莫不嘖嘖稱奇，譽為「一座手中的民俗博物館」。臺灣花木蘭出版公司對此亦饒有興趣，出版了《三百六十行詳考》一書，從煙畫的角度剖析晚清社會的市井民風，反映十分良好。於是，筆者對民初各煙草公司出版的，有關新的業者、新的行當的出現，繼續編寫了《三百六十行詳考（續）》（民國篇）一書。縱觀這一階段出品的煙畫，有規律、有時間、有節點地反映著時代的進步和市場的變化。新事物不斷的湧現，加之「女權運動」的奮起，大批婦女勞動力走出家門，進入社會，使新行當驟增，標誌了新時代的風貌與進步。因之，研究民國初年的新「三百六十行」，也是研究近代中國風俗史不可或缺的史料。而下，筆者對本書進行一些簡約的介紹。

## 農事依舊

　　大英煙草公司在 1911 年，為了促銷拳頭產品「白錫包」香煙，特意設計發行了一套《七十二行》煙畫。繪者是在公司廣告部就職的一位西人畫家，他從一個外國人的視角中，用西洋畫法，描繪了民國初年我國市井民風的真實情

景。不僅具有一定的觀賞價值，同時也有著一定的學術價值。這套作品因受到各界的廣泛歡迎，曾一再再版，一直發行了二十多年之久。只可惜，這位畫家的姓名與行跡均已失考，筆者在《頤中檔案》中，也沒有查到他的姓名。

　　這組畫片重點描繪了民國初年南方一帶的城鄉百態。當時轟轟烈烈的革命對鄉鎮農村的日常生活，基本沒有什麼影響，農人依然「不知有漢、無論魏晉」。農人在日下鋤草，農婦在田間採棉，壯勞力在奮力車水，鋤田。弱勞力則在家中飼雞、喂鴨，樵夫在山上打柴、漁父在河汊捉魚，老人在看帶小孩子、兒童們在太陽底下唱歌……。他們日復一日、年復一年的勞作，貧窮、辛苦和自我滿足一直交織在農人的心頭，寂寞與無奈伴隨著他們的身影。

《七十二行》煙畫中的農民的鋤草、車水。

　　這一切，讓人想起民初劉半農先生寫的一首白話詩《一個小農家的暮》：

　　她，在灶下煮飯，新砍的山柴，必必剝剝的響。

　　灶門裏嫣紅的火光，閃著她嫣紅的臉，

　　閃紅了她青布的衣裳。

　　他，銜著個十年的煙斗，慢慢地從田裏回來；

　　屋角裏掛去了鋤頭，便坐在稻床上，

　　調弄著只親人的狗。

　　他，還踱到欄裏去，看一看他的牛，

　　回頭向她說：

　　「怎樣了——我們新釀的酒？」

　　門對面青山的頂上，松樹的尖頭，已露出了半輪的月亮。

　　孩子們在場上看著月，還數著天上的星：

　　「一，二，三，四……」

　　他們數，他們唱：

　　「地上人多心不平，天上星多月不亮。」

## 風俗未改

古人有句話說道：「習俗易改、秉性難移」。其時，人們已經習慣了的習俗也是很難改變的。國人的陋習不少，多在公共場合或集會上充分表現出來。這些陋習並非一時一域形成，而是因循累積，成了積弊或積習，以致積重難返。如煙毒、娼妓、纏足、溺嬰、冥婚乃至婚、喪、嫁、娶，拜偶像、供神佛，祀祖延宗、厚葬祭掃，頂禮焚香、鋪張糜費等陋俗，在清末民初愈加嚴重，成為潰爛的社會頑疾。

晚清關隴著名理學家牛樹梅，在試行新政之初，便積極倡導移風易俗，聲稱：挽救國家民族危難的關鍵在於挽救風俗，而挽救風俗的關鍵又在有理學信仰的儒士身上。他說：「儒士上要輔助治國，下須表正風俗，是連接官民之樞紐。因而，必須要整頓士風，以改良士風實現對社會風俗的改變，從而維護社會穩定，挽救國家民族於危難之間。」民國初年，許多有志之士對惡風陋俗的關注也日益加深。各地政府機關、民間的進步人士，曾發起了各種形式的風俗改良活動，棄舊布新的思潮曾一度席捲全國。例如，浙地政府曾率先編修了《浙江風俗改良淺說》，廣穗政府也曾頒布了一系列公告，對溺女、纏足、童養、典妻，厚葬、久厝，煙、賭、娼等社會陋俗，嚴加清除取締。但是，畢竟積重難返。生產力落後、封建餘毒根深蒂周的地區，更是難以撼其頭尾。英美煙草公司出品的《七十二行》煙畫對之也有生動的描述。繁文縟節的婚禮、鋪張奢華的壽筵、傾城傾鎮的祭掃，浩浩蕩蕩的迎神，驚天泣地的拜廟……，都成了鄉村市井平民百姓「歡樂」的節日。魯迅筆下的「迎神賽會」寫得十分傳神、最為熱鬧。他寫道：

> 這一天出巡的神，就如城隍和東嶽大帝之類。那麼，他的鹵簿中間就另有一群特別的角色：鬼卒、鬼王，還有活無常。這些鬼物們，大概都是由粗人和鄉下人扮演的。鬼卒和鬼王是紅紅綠綠的衣裳，赤著腳；藍臉，上面又畫些魚鱗，也許是龍鱗或別的什麼鱗罷，我不大清楚。鬼卒拿著鋼叉，叉環振得琅琅地響，鬼王拿的是一塊小小的虎頭牌。據傳說，鬼王是只用一隻腳走路的；但他究竟是鄉下人，雖然臉上已經畫上些魚鱗或者別的什麼鱗，卻仍然只得用了兩隻腳走路。所以看客對於他們不很敬畏，也不大留心，除了念佛老嫗和她的孫子們為面面圓到起見，也照例給他們一個「不勝屏營待命之至」的儀節。（魯迅《無常》）

《七十二行》煙畫中的大婚、拜神佛。

諸如以上的這些迷信生涯，也不是輕巧而為的，這裡有著諸多門類的行
業在分工運行，每個細節都充滿了經濟經營的活動。例如，請神送神要焚香、
要燒金銀錁子冥鈔，那麼，就得有香燭鋪，就有專業的製香師傅，專業的製錁
人，印鈔坊。走社火，搞賽會，就得有戲子、舞獅、鑼鼓、小茗堂等行家裏手。
迎親拜壽，就得有專業的司儀、持事、喜娘、轎夫、吹鼓手，司廚等，這又是
一行人手。辦喪事則必涉及專業的禮官、扛房、哭喪人、導引、響器、裱糊
匠、棚匠、斜木匠、桅廠等一系列行當。鄉俗的蓬勃和延續，也正是這類行當
的「米飯班主」。

## 市場蠕變

《七十二行》煙畫中的城市中的洋場、鮮肉鋪。

我國千百年來的經濟生活狀態，從封建社會的自給自足的小農經濟，到
半殖民半封建的市場經濟，再向具有資本主義萌芽的經濟轉化，這種過渡是
一段漫長的、悄無聲跡的變化，它有著春蠶一般的生機，也會有蠶繭般的蠕
變。從民國初年出版的煙畫中，可以看到各種小攤小販，賣菜的、賣水果的、
賣燒雞、鹵鴨的，還有小鎮上的排擋、小飯鋪和大一點的飯館子。還可以看
到城鎮邊緣處的小市場、小集市和雜貨攤。當進入城市的中心，便出現了熱
鬧的大市場和頗有規模的大廟會。這裡商鋪林立、百貨雜陳、人煙鼎沸，使人

舉足踟躕、目不暇給。民國之初，港口的開放，華夷通商、歐風東漸，各種時髦的洋布、洋表、洋煙、洋酒、肥皂、化裝品等日用洋貨，也湧進了大城市，在中心地帶出現了罕見的洋場。比起閉關鎖國時代的清季，開放搞活給小農經濟以巨大的衝擊，也帶來了一股新鮮活潑的春風。同時，又增生出一大批新的行當。

## 平民生活

政體的改革，逐漸激活了城鎮中的市場經濟，人們的兜中有了點閒錢，文娛生活也就豐富起來。舊日固守一地的「踏街唱」、地方小戲兒、漁鼓、快板、說書的、賣武藝的藝人們也開始穿州過府，進入大城市掙錢獻藝。吸收了現代光影聲像技術的「西洋鏡」、「無聲電影」、「留聲機」也開始從穗滬向內地傳播進來。加之中外交流，日本的雜技魔術團、西洋的馬戲團、南洋的歌舞團、俄國的力士團在上世紀二、三十年代也紛紛來華獻藝。如是，霍元甲三拳擊倒大力士、燕子李三三盜公使館、卓別林造訪大世界、石景豐拍攝定軍山等故事被廣泛的流傳。這些新奇的行當遠比傳統的老行當如賣武藝、蹟跤、耍猴、耍狗熊要精彩得多！

《市井江湖》煙畫中的日本雜技、滑稽戲和評彈。

這一時期的民間小食也比以前豐富了起來。清廷遜位，宮中特有的餑餑、奶酪、八大件、咯食、艾窩窩、撒其瑪、金糕蜜餞的製作秘方也都傳出宮外，使平民百姓也都有機會打打牙祭。宮中的秘製飲料酸梅湯，也成了市井妙

品，還成就了北京九龍齋和武漢的御香齋兩個大買賣。此外，西方的蘇打水和汽水的引進，使大街小巷都出現了各種冒牌的「冰鎮薄荷水」。

《民國百業》煙畫中的舞女、女子蘇灘和拍電影。

民初，大批西人擁入了租借地，也就帶來了西方的娛樂，舞廳、賭場、賽馬、跑香賓、跑狗等新玩意兒，同時也帶來了足球、籃球、地滾球、網球、游泳、跑冰等多種體育運動。二十年代的中小學生都從這些娛樂和運動中，達到健體強身的鍛練。這樣，「三百六十行」中又增添了無數的新生事物。而這些新行當在這一時期出品的煙畫中亦有生動的展現。

## 交通巨變

民國初年，我國的交通運輸方面發生了很大的變化。英美煙草公司出品了一套《交通與運輸》的煙畫，一組二十四枚，在描繪這一行人從事的各種搬運形式和所用工具的同時，生動地描繪了民國初年交通的巨變。最先的搬運是人肩背扛的「扛大個」、「背山仔」的，和借助「地老虎」、獨輪車、「黃魚車」、「排子車」搞搬運的。更有借用獸力，牛、馬、驢、騾，通力上場的。隨後，英式的「轎子車」、日本的「黃包車」、美式的汽車、歐洲的火車都陸續登場了，不僅方便了人的出行，更增加了南北的貨運。水路交通，則從放排、烏蓬、擺渡、舢舨到糧船、小火輪、大火輪，依序而列。這一切都改變了我國落後的交通運輸，新的車船輻輳為走向現代化邁出了堅實的一步。這類新的行業和技工的出現，也一一紀錄在小小的煙畫之中。

《交通運輸》煙畫中的滑杆兒和汽車。

## 新生行業

在辛亥革命時期，由於眾多積極女傑地參與，她們不畏家庭的阻遏，個人的生死，像秋謹一樣血薦軒轅，贏得了世人的敬重。女權運動的興起，也是民國伊始的一大特徵。女人要參政，男人做的女人也能做！男女要平權平等的思想，獲得社會的普遍承認。女人邁出家門、離開廚房，進入社會，參加工作，形成了一般潮流。

於是，大批以女性為主的工作出現了！文化高的女性去當女教員、女秘書、女文員、女公關、女交易員、女會計、電話插線生。文化低一些的去當女售貨員、女招待、女護士、電車售票員。有才藝的去當廣播員、演藝員、歌女、舞女、按摩師、理髮師、女裁縫……。

《新興職業》煙畫中的女售貨員、女縫紉師和女職員。

　　彼時，一些守舊的人士對女性出來工作十分不解，且抱以堅決反對的態度，謂之：「好女不出門，出門變蕩婦。名聲失節操，永遠嫁不出。」他們誣蔑那些出入社交場合的時髦女性是「騷女」、「流鶯」、「交際花」。

　　上世紀二十年代末，英美煙草公司出品了兩大套「新女性」，俗稱「交際花」的煙畫，社會爭論不一、反響極大。其實，認真地剖析「交際花」一詞，辭書中並無明確的解釋，更無確切的定義。它出現於二十年代紙迷金醉的上海，專指那些經常出入於高級社交場所、周旋於巨商富賈之間、有一定文化素養、又有一定身價的職業性或半職業性的公關女性。她們中間有不少才藝雙全、有所作為的新潮女性。是處於特殊的時代、特殊環境下，所出現的一種特殊的職業現象。筆者認為，「交際花」一詞若用今日的語言解釋的話，應是指「工於社會交際的女性」，或是「善於進行公關酬酢活動」的女性更為妥當。在英美煙草公司出品的《交際花》煙畫中，她們的秀髮、修眉、姿態、儀容、神情、笑靨，皆是當時最「摩登」的表現。猶為引人矚目的是，每幀肖像旁邊都用金色印有芳名。這種自願地自我推介，不畏譏笑嘲諷、坦白地面對社會的現象，也應說是女性正走向自我解放和開明的一種詮釋。她們的姓名，為瞭解二十年代這一族群的生活，留下不少實證。

　　更多的平民婦女，她們驕傲地走進了公司、工廠、繅絲、織布、捲煙、製衣和服務業……，在生產第一線發揮著耀眼的光和熱。實踐證明，解放了的婦女勞動力其生產價值並不輸於男勞力，有的還勝過了男人。據上世紀二十年上海工部局《檔案》的統計數字：「一名繅絲女工的月收入平均為十二銀元，等於兩名銀行普通職員的收入，與上海區域警務局局長的工薪相同。」在老《頤中檔案》中記載：在江淮大水災時，捲煙女工踴躍捐助的善款和金銀首飾，如耳釘、耳環、手鐲、戒指，都是用竹籃裝的。」這些由女性應職的新行當的出現，今日看來似乎平淡無奇，但在民國初年，則是破天荒的大事情，做為新聞時不時地出現在報刊雜誌之上。所以，這些二十年代出品的，有關婦女職業的煙畫，都是繪聲繪色的史料圖證。

## 市井江湖

　　民初政局紊亂失序，「阿Q」們認為世間沒了皇帝如何得了！維護舊的制度和生態環境最是重要。袁世凱一登基，人們又把辮子留了起來。而「革命黨」則迫不急待地要全面學習西方，恨不得削足適履，全盤歐化！一下了超過西

夷！因此，民國之初，市廛集會、良莠雜陳。三教九流、五花八門。坑蒙拐騙，雞鳴狗盜，苟為生計，各顯神通。「三不管」、「雜八地」，都是下層窮人和流氓無產者們的生存之地。套狗的、掃街的、賣耗子藥的、刷馬桶的、賣臭蟲藥、換取燈兒、拾煙頭、揀爛紙、打鼓的、賣凍的、叫街的、耍長蟲的、要飯的、背老小、告地狀、割手腕的、賣唱乞討、賣小孩、馬溜子、賣假鐲子、挑牙蟲的、小綹、套皮箱、野雞、相公、小押、放白鴿的、仙人跳、流氓、地痞，無賴，這些為人所不屑的行當，同樣混跡在「三百六十行」之中，同時，也為老「三百六十」之說的次第消亡，畫出了一個大大的句號。

《市井江湖》煙畫中的點痦子的、賣小孩的和背老小的。

　　小小的煙畫也沒有忘掉這些行當。中國福昌煙公司在二十世紀二十年代後期出版的煙畫，這些下層社會的淒涼悲苦和社會痼疾、污泥濁水，也都毫無保留的一一造像。迄今，令人不忍瘁睹而又不能不睹，這也是「圖證」的特殊作用。筆者編撰了《三百六十行詳考（續）》，也是為民初市井文化的一種補充。子曰：「逝者如斯」，今日之水遠非舊日之水，一晃百年已過，這些小小的圖片猶在絮絮叨叨的「談玄宗」，正說明「三百六十行」這句老話，還有其深厚、值得深究的文化內涵。

　　　　　　　作者寫於二〇二三年二月新春溫哥華寓中

# 二、《三百六十行詳考續》
# （民初篇）圖釋

## 七十二行

### 拾棉花

　　宋代以前，我國本土並不出產棉花，只有海南、新疆一帶略有出產。因此，在東漢時期編纂的《說文解字》中並沒有「棉」字，直到隋代編纂的《廣韻》裏才出現「棉」字。但它指的是木棉樹名。木棉樹是一種樹，與棉花完全不同。棉花的古代名稱為「吉貝」，顯然是一種域外的譯音。著名學者漆俠先生著《宋代植棉考》指出，宋朝閩廣地區才開始種植棉花。棉布的生產也已不

限於海南島了。到南宋時，兩浙和江南的植棉已有推廣的趨勢。棉花也逐漸部分取代絲、麻，成為重要的天然纖維作物。

南宋初年棉花已被廣泛種植和織布了。棉花成熟之後，花果吐絮，需要人工採摘花絮。北方管摘棉花叫「拾花」，南方人則稱之為「捉花」。清人葉廷珀在《浦西寓舍雜詠》有一首寫捉棉花的詩：

花田婦女劇艱辛，忙月時時更乞鄰。

幾度隴頭過笠影，捉花人即脫花人。

從棉籽的下種、間苗、拔草、打藥：修枝：捉蟲、澆水，直到結了棉桃開了花，農民要付出無數的汗水。農村拾棉花的工作多由婦女承擔。一到秋天，遍地白花花的棉花，一茬又一茬地起了花。農婦們很辛苦好似永遠也拾不過來。如果拾得不及時，棉花就會落到地上，沾滿枯葉，影響到棉花的質量和收成。她們一天到晚貓著腰在棉田裏，把棉花一朵一朵地摘下來，再把裏邊黏上的東西挑出來，放到花兜裏。拾棉花最痛苦的是手痛，手上臂上布滿血道兒和小血點兒，痛得火燒火燎。瘙癢難耐，如墜煉獄一般。

## 鋤草

鋤禾日當午，汗滴禾下土。

誰知盤中餐，粒粒皆辛苦。

這首唐詩讀來朗朗上口，是婦孺皆知的佳句。詩的作者，一說是唐朝的李紳，他還有一首詩：「野春種一粒粟，秋收萬顆子。四海無閒田，農夫猶餓

死」。另一說，這首詩是聶夷中所作，當然，不管出自誰手，詩的內容真切地反映出農人的疾苦。

農田中隨著禾苗的生長，也會有許多雜草生長。古人將草稱為「榮」，旱田中的除草勞作稱為「鋤草」，水田中的除草勞作稱為「撓秧」、「蓐田」。田間無雜草，莊稼生長良好，結穗旺實，稱作「秀」。如果農人懶惰，田間的草長得比莊稼還旺盛，就稱為「英」。好的農人被人們稱為「秀民」或「秀人」。唐代大詩人杜甫有一首著名的《除草》詩：

　　草有害於人，曾何生阻修。其毒甚蜂蠆，其多彌道周。
　　清晨步前林，江色未散憂。芒刺在我眼，焉能待高秋。
　　霜露一沾凝，蕙葉亦難留。荷鋤先童稚，日入仍討求。
　　轉致水中央，豈無雙釣舟。頑根易滋蔓，敢使依舊丘。
　　自茲藩籬曠，更覺松竹幽。艾夷不可闕，疾惡信如讎。

夏日，田間的雜草瘋長，欲與禾苗一爭高下，若不及時把草鋤去，就會影響收成。除草是農田管理的一項重頭戲，也是一件繁重的體力勞動。在炎炎的赤日之下，哈著腰用鋤頭一壟壟，一株株地剪除野草，幹上一整天，縱是鐵打的漢子也難以吃得消。

## 搗衣

搗衣是古代的一種服飾民俗。婦女把織好的布帛，鋪在平滑的砧板上，用木棒敲平，以求潔淨、柔軟、熨帖，稱為「搗衣」。因為宋元以前，棉花的栽

種尚未普及，男女服裝通常是用蠶絲和葛麻織出的綢緞和麻布製作。絲織品只能供貴族穿戴，尋常百姓大多衣葛穿麻。葛麻織品最大的缺陷就是太硬，穿起來不舒服。所以，新衣在穿著之前，一定要用棒槌將其敲搗柔軟平整。搗衣的工作為求吉祥，大多在秋夜進行。這就是李白詩中說的「長安一片月，萬戶搗衣聲」。

詩中的搗衣並非是洗衣，搗衣雖然也要用棒槌和砧石，但目的只是把衣服錘鬆軟平整，只需在家裏進行。也不必去河邊捶搗。南方婦女洗衣，也是以杵擊衣，使其潔淨。所以也稱「搗衣」。南朝宋謝惠連《搗衣》詩：

> 簷高砧響發，楹長杵聲哀。微芳起兩袖，輕汗染雙題。
>
> 紈素既已成，君子行未歸。裁用笥中刀，縫為萬里衣。

詩中寫的是作者身處異地他鄉的驛館中，聽著江邊女子有節奏的搗衣聲，不由得一陣淒涼湧上心頭。婦女在河邊洗衣時，不可缺少的東西需要光滑細膩的石頭。這種石頭也叫「女須石」。相傳屈原的母親死得早，比屈原大十歲的姐姐女須，對屈原百般疼愛，一直親手給他洗衣服。女須用過的搗衣石遺址，而今猶在四川秭歸的女須廟前。

## 洗衣婆

洗衣，即洗濯衣服上的污垢。洗，古時稱浣，洗衣也稱浣衣。專門洗衣服的女人俗稱浣洗婆，也叫洗衣婆。

洗濯衣服上的污垢是一件很辛苦的事情，在封建時代，皇家設有浣衣局

或浣衣院，是為宮廷服務的八局之一，專為皇家漿洗衣服。明代稱漿養房。後來成為犯罪宮女服役洗衣的地方。《明史‧職官志三》記載：浣衣局掌印太監一員，僉書、監工無定員。凡宮人年老及罷退廢者，發此局居住。惟此局不在皇城內。明劉若愚《酌中志‧客魏始末紀略》載：當年與魏忠賢一起作惡的熹宗乳母客氏，問罪之後，奉旨籍沒，赴浣衣局，貶為洗衣婆，洗衣受罪。且於「十一月內，欽差乾清宮管事趙本政臨局笞死，發淨樂堂焚屍揚灰」。

北宋時，入侵中原的金朝皇帝也設有浣衣院。這間浣衣院不僅主理浣衣之事，而且還是軍中的妓營。當時，擄入浣衣院的皇室后妃和宗室女性們，不但充作洗衣婆，為他們洗衣勞作，而且還淪為金朝官兵們淫樂的性奴。作為戰俘，金朝皇帝命令宋徽宗、宋欽宗兩位皇后、皇子和宗室婦女都改換金人服飾、拜謁金人的祖廟後，易胡服出。婦女近千人賜禁近，猶肉袒。韋、邢二后以下三百人留洗衣院。叫她們赤裸上身，披上羊皮洗衣勞動。隨時還要遭受金人的性凌辱。朱皇后等深感屈辱絕望，投水而薨，演出了浣衣院中最慘烈的一幕。

對於平民來說，洗衣服是家庭婦女必須幹的事情。富家庭的婦人、太太、小姐是不幹這些事的。洗洗涮涮的事兒都由下人、丫頭們幹。或雇傭洗衣婆到宅門裏洗衣服。洗衣婆便成了窮人的一行專門職業。

# 修鞋匠

　　常言說「腳下沒有像樣的鞋，必是窮人來逛街」。當然，腳下即使有鞋，那也不一定經穿耐用。鞋子終日隨人奔波，自然會有壞的時候。不是底子磨穿了，就是鞋幫子開綻了，要麼鞋尖破了個洞，大腳趾頭露了出來。富裕人家可順手把它丟了，再買新鞋。而貧寒人家就棄之難捨了。普通人家的鞋子只要不是太壞，修修還能穿，就會拿到街上，找個修鞋的師傅補一補。

　　修鞋是都市中最常見的一個行當，業者大多背木箱走街串巷，嘴裏喊著：「修鞋啦——」。修鞋的木箱中不同的抽屜裏放著不同的工具，如大大小小的皮釘、鉗子、剪子、錘子、起子、揎刀、榔頭、鐵鎮子，還有麻繩、皮繩、老弦、錐子、彎針、石蠟、皮跟、鐵掌等物。此外，還有大大小小的皮子塊、皮子頭、破皮鞋、破皮底、舊輪胎等等。都是補鞋子用的材料。最重要的還有一把鐵拐子，兩頭是兩隻鞋底形的鐵鴨子嘴。用的時候夾在腿間，將要修的鞋底兒朝天套在鴨嘴上，修起鞋來很是方便。俗稱是八仙之一的李鐵拐所賜的神物。

　　修鞋這一行匠人，原屬皮匠一行。但他們不會糅製皮革，不善鼓搗皮貨，只會用皮子的下腳料為人家縫補鞋底兒。所以，即使在本行內也一向被人輕賤。更因為這一行終日與人的足下之物打交道，抱著舊鞋、破鞋營生，幫內人也視其為末流。在一年一度祭奉祖師爺的集會上，修鞋的也只能叨陪末座，吃口蹭兒飯，聽出蹭兒戲而已。時人有抱打不平者作《商業竹枝詞》歎道：

　　　　修鞋何故不如人？誰個赤腳能出門。

　　　　當年夸父能追日，一旦鞋破棄鄧林。

## 車水

　　每年清明過後，一直到金秋。江南農村的田間地頭，水車隨處可見。尤其是伏旱季節，正值早稻收割和晚稻插秧之際，不少農田就靠人力水車車水灌溉。莊稼人說：一斤米七斤水，水是莊稼的命。踏水車踏到日頭偏西，一輪明月升起，一片蛙聲嚦嚦。此時，更顯出水車無奈中的威風。清人蔣炯有《踏車曲》寫道：

　　　　以人運車車運輻，一輻上起一輻伏。輻輻翻水如瀉玉。

　　　　大車二丈四，小車一丈六。

　　　　小以手運大以足，足心車柱兩相逐。

　　　　左足才過右足續，踏水渾如在平陸。高田低田足灌沃。

　　　　不惜車勞人力盡，但願秋成獲嘉穀。

　　踏水車是力氣活幾，一般都是由年輕的男人踏車。他們手扶胸前的橫木，節奏鮮明地踩著腳下的水車的「蹬拐」，「蹬拐」帶動木軸，木軸的轉動，帶動水槽桶裏的桑木葉片，把槽桶一頭的水提升起來，汨汨地灌進農田裏。車水的人就像在走路，又像爬坡，而這個坡是永遠沒有盡頭的。

　　踏水車有一定講究，通常要在頭一天夜裏把水車安裝到需要灌水的田頭上，第二天天一亮後開工。清晨早飯前要踏上一集。早飯後再踏三集，下午再踏上三四集。這一集便是一個小時左右。一天下來腰酸腳痛、苦不堪言。

## 拖手車

　　灌溉工具是古代農具重要的組成部分，中國原始的灌溉工具是甕和尖底瓶類的陶容器。春秋戰國之際，人們普遍採用桔槔和轆轤提水灌田。桔槔是用簡單的槓桿原理製成的，前輕後重，引之則俯，捨之則仰，吸水既快又省力。有文記載，它可以日灌百畝良田。

　　東漢的畢嵐在桔槔的基礎上，創製了一種龍骨車，進一步提高了引水的效率。到了三國時期，馬鈞對龍骨車又作了改進，製成了更加完備實用的翻車。用人力搖動槓桿，通過木齒輪的運轉，帶輪間的鏈板，即可引水灌田。在相當長的歷史時期內，翻車都發揮了良好的灌溉作用。南宋陸游在《春晚即景》一詩中稱讚這種水車時說：

　　　　龍骨車鳴水入塘，雨來猶可望豐穰。

　　　　老農愛犢行泥緩，幼婦憂蠶採葉忙。

　　圖中所繪的手車，就是一種小型的龍骨翻車，雖然畫得不精細，但可以看到它的主要結構，是由搖把、槓桿、齒輪、鏈板組成，把它平放在溪水中，二人搖動手把，就能把溪水提到較高的灌溉渠中去。

　　宋梅堯臣讚美這種翻車，他在《和孫端叟寺丞農具十三首》中寫道：

　　　　既如車輪轉，又若川虹飲。

　　　　能移霖雨功，自攻禾苗稔。

## 牛拉水車

　　元王禎特別注意觀察農民的勞動生活，著有《農書》是我國古代一部重要的研究農事的著作。當他看到江南農村有一種用牛轉動的水車時，情不自禁

地寫了這樣一首詩：

> 世間機械巧相因，水利居多用在人。
>
> 可是要津難必遇，卻將畜力轉筒輪。

　　讓水力、畜力作為動力使機械運轉，將水能、畜能轉變為可利用的機械能，這種假物役機思想，給古代升水器械的設計帶來了廣闊的、可持續利用的資源。彼時，可以說是一種先進的發明。用牛牽著轉動的水車叫做牛車轆轆。出現於宋代，它的構造和前面講的人力水車構造基本相同。只是動力機械方面有了新的改進。農人在水車上端的橫軸上裝有一個豎齒輪，旁邊立一根大立軸，立軸的中部裝上一個大的臥齒輪。讓臥齒輪和豎齒輪相互銜接，立軸上裝一根大橫杆，讓牛拉著橫杆轉動。經過兩個齒輪的傳動，帶動水車轉動，從而把河水引了上來用以澆灌田地。因為畜力勁兒大，能把水提上更高的高度，最好的一部牛車轆轆，可以把水提上一兩丈高的田畯裏，大大地減輕了人的勞動。

　　如圖所繪，利用畜力驅動水車車水，用它來代替龍骨水車解放了生產力，也提高了灌溉效率。在《農器圖譜》中評論翻車的設計時，王禎就談到要遵守俱省功力的原則。如牛轉翻車「比人踏功將倍之」。但是，建造這種水車的費用較高，不能普及。民國初年，牛車轆轆大多運轉在比較富裕的江南。

## 碓房

　　相傳著名「六祖接偈」的故事就發生在古代的碓房裏面。佛經裏說：湖北黃梅東禪寺有一間碓房，僧人們一邊碓米一邊要念神秀上座的「無相偈」以積

功德。此詩偈為：「身是菩提樹，心如明鏡臺。時時勤拂拭，莫使惹塵埃。」惠能在碓米時，心中忽有所悟。隨即念道：「菩提本無樹，明鏡亦非臺。本來無一物，何處惹塵埃。」五祖聽後大為感動，遂傳宗與惠能法師。

何為碓房呢？昔時穀物收穫脫粒以後，要加工成米麵才能食用。我國古代在糧食加工方面發明了不少機械。如磨、碾、碓、扇車、羅等。但這些器械仍然需要人力操作，一日下來頗為辛苦。西漢末年，人們發明了用水作動力的水碓和水磨，用它來加工糧食可就輕巧多了。此後，在南北農村凡有水汊的地方，皆廣泛利用這一辦法。從此，凡是借用外力加工糧米的地方都叫碓房。

水碓的動力機械是一個大的立式水輪，輪上裝有若干板葉，輪軸長短不一，以帶動碓的多少而定。轉軸上裝有一些彼此錯開的撥板，一個碓有四塊撥板，四個碓就要十六塊撥板。撥板用來撥動碓杆的，每個碓用柱子架起一根木杆，杆的一端裝一塊圓錐形石頭，下面的石臼裏放上準備要加工的稻穀。流水衝擊水輪使它轉動，軸上的撥板就撥動碓杆的梢頭，使碓頭一起一落地進行舂米。利用水碓，可以日夜不停地加工糧米。廣大鄉村，凡有溪流的江河岸邊都可以設置水碓。還可以根據水勢的高低、水流大小，採取不同的措施進行裝置。如此，有效地解放了農村生產力。

## 小菜攤

清人張春華在《滬城歲事衢歌》中寫鄉間賣小菜的情形：

　　肩筐挈簏入城呼，村果村蔬載滿途。

　　底事茅簷齊彙解，料量祀灶買慈菇。

舊日偏僻的小鎮，在街上常能看到如圖中繪的這種小菜攤。麻雀雖小，五臟俱全。什麼小白菜、青筍、黃瓜、青菜、蔥、薑。蒜等，各樣不多，但品種尚全。賣菜的人多是老翁、老嫗。說他們是生意人又不像，不是生意人，卻幹著以此為業的營生，姑且也算一行職業。

小小的菜攤是根據時間的早晚、買菜人的多少隨時調整價錢的。一把小白菜在早上的時候可能是兩大枚，中午就變成一大枚了。賣菜的老人坐在小椅子上，看著過往的行人。有時會喊上一兩聲：「買菜呀！」鎮上的人每天都會吃青菜。所以路過的婦人見了，就會順手買上一把。小販也會時不時地往菜上撒一些水，這樣看起來蔬菜更加鮮嫩一些，也就更容易賣出去。

有時，到了做午飯的當口，賣菜的老人就進屋做飯去了。這時的菜攤就是無人售貨。都是鄉里鄉親的老街坊，誰想買菜就自己直接拿吧！三根蔥、兩頭蒜的，自己估量一下，把零錢放在小菜攤上的紙匣裏，向屋裏喊一聲，也就行了。待老人出屋後，會把小紙箱裏的錢收起來，再把攤上的菜整理整理，少什麼，再添上點什麼。這樣賣菜也談不上什麼辛苦，小小的菜攤全部賣完了，其實也掙不上幾個錢。活動活動身體，掙點零花錢，用來買鹽買醋而已。

## 鮮肉莊

　　清季一向沒有專業的屠宰場，殺豬宰羊都是個體屠戶的事情。屠戶屠宰好的牛、豬、牲畜，處理乾淨後，送往肉鋪、肉槓零賣。

　　鮮肉莊與肉槓、肉鋪不同，它的資本雄厚，規模也大。前有店鋪門面、後櫃有庫房、還帶有一個屠宰場。從四鄉直接進豬、進雞、進鴨，自己屠宰加工，上案售賣。更有許多老客戶來此交易，進行大宗批發。因為肉莊的信譽好，肉的質量有保障，不會有瘟、死、不潔之慮。各大飯莊、飯店、大宅門、機關、社團的外賣都樂於光顧。

　　無錫著名的陸稿薦肉莊，就是從鮮肉莊發展起來的老字號。清同治年間，從無錫藕塘鄉到無錫縣城內經商的陸步高夫婦，在北門頭沙文井菜場附近擺攤賣肉，五年間，陸步高用擺攤賣肉的積蓄，在無錫工運橋塊開設了「陸稿薦」肉莊。既賣鮮肉，又賣熟肉，當生豬從豬行買回後，自行宰殺，並且在沙文井菜場又開設了肉墩頭攤，專賣鮮肉。生意日漸興旺。陸步高用心鑽研燒煮熟肉的技藝，首創採用籠圈加高、冰糖收膏並講究色澤與塊形。特別在原料方面為保持排骨口感鮮美，生豬源僅限在蘇州無錫、常州鎮江一帶。不用長江以北的散養生豬。經過數年打拼，陸稿薦肉莊在北門一帶頗有名聲。接著北上上海、南京開始發展分號。

　　鑒於行業的壟斷利益，舊日的鮮肉莊是有行會組織的。肉莊供奉財神爺之外，供奉的祖師爺是漢代的陳平。陳平是劉邦大軍中專管糧草錢銀的大總管，戰時向先頭部隊發放軍需食物和豬肉，最受愛吃肉的軍人尊重。

## 牽羊

我國有句成語叫做「順手牽羊」，比喻意外獲得某種便宜，或毫不費力地獲得某種平常要花大氣力才能獲得的東西，其語出自劉攀《中肅集》：「快心真笙臘，覆手已牽羊。」

其實，牽羊是鄉間的一個行當。牽羊，不同於一般的牧羊，牽羊也並非不費一點兒力氣，也要有一定的技術技巧。那就是要認準頭羊，頭羊是羊的首領。

羊群與任何一種野生動物群體一樣，都有一個領頭的，這是一種動物的天性。頭羊會自覺衛護群體生存和種族的延續，頭羊之外的「群眾」則是盲從的。如果頭羊走錯了路，也會把羊群引向歧途。

農民把養羊當成一種副業。小羊羔長大養肥，既可以自己食用，也可以賣到屠宰場，換回一些錢鈔，置買油、鹽、醬、醋或添置衣服。要把這些羊牽到很遠的屠場去，一家一戶的單幹很不上算。於是，鄉間就有專門幹這一行的人代為辦理。他們把各戶要賣的羊，分別過秤上賬。然後把二、三十隻羊併攏到一處。由他們一併牽到屠宰場去。牽羊的看準了頭羊，在前邊用草誘之，或用羊鏟驅之。只要控制好頭羊，其他的羊就跟著走了，一切全會順當。俗諺說：「一羊在前，眾羊隨之。」一個會牽羊的能手，不怕羊多，而且多多益善。跑一趟屠宰場可以多掙一些錢。

## 趕豬

在鄉下，趕豬的與前面所說牽羊的不是同一個行當，牽羊的活兒一個人能幹，而趕豬這一行，最少都是兩個人幹。每到農村裏賣肥豬，他們便把各家

的豬，十頭二十頭地攏在一起，兩個人一前一後，用棍子連趕帶攆地把豬群轟到屠場中去。豬蠢，膽子又小，還有點兒蠻勁兒。豬不聽話，出圈後，便一味地在阡陌田塍間亂竄亂拱、橫衝亂撞。趕豬人特意準備了根棍子，時左時右地校正這些蠢豬行走的路線。他們嘴裏還不停地咒罵呵斥，一路騰挪跳躍，忙得滿頭大汗，其狀甚是窘迫，而又滑稽可笑。

趕豬人在不為鄉人長途送豬的時候，就從事劁豬配種的活兒。先說劁豬，劁者，閹也。用之於驢馬，就叫騸。劁豬主要有兩個原因。豬一長成，劁後，豬才能育肥長膘。不劁的豬，吃了很多食物，也轉化不成肥膘。因為它一直為繁殖積攢精力，大量耗費卡路里，自然就肥不起來。豬不劁，豬心不靜，飽暖思淫慾。到時候它就鬧圈。會弄得豬宅不安。農人養殖肉為的是多賣些錢鈔，那麼，必先劁之。

劁豬這一行倒也不難，辦法亦很簡單。一般事先用半斤白酒灌到豬肚子裏去，待豬醉倒，取出一根細繩，把豬的睪丸縛住，殺其血脈。然後，用一隻木錘子「砰、砰」兩錘，將其睪丸敲碎，就算事畢。這種活兒不大，但農人家自己都不幹，怕生忌諱，還得找趕豬的人來幹。

趕豬的人還另有一項職務，那就是配豬。他們趕著一頭健壯的公豬，走東家串西家，替村里人家的母豬配種。以此賺些養家糊口的錢鈔。

## 放鴨

靠近河汊而居的農戶大多養鴨。養上十隻八隻的，閒時放一放，也都是農人捎帶手的事兒，算不得一個行當。把放鴨子當正事去做的，那就是養鴨大戶

了。少則七八十隻，多則一二百隻，自己有鴨圈：鴨棚。養鴨為了賣鴨蛋、販鴨子，全家人就靠養鴨子掙錢吃飯了。這等放鴨可就算一件勞作的事情了。

放鴨的目的是讓鴨子長得更好、更壯實。鴨子喜水，在水中覓食，吃些水草、蝦米、小魚之屬，如同放羊、放牛吃草一樣。只是一個在陸上，一個在水裏。

放鴨人把成群的鴨子從鴨棚趕出來，上百隻的鴨子成隊地走在田埂上，搖搖晃晃、十分有趣。來到水邊，鴨子全都奔跑起來，撲入水裏的時候，鴨群歡快的叫聲響成一片。有的一個猛子扎進河裏痛快地洗澡，有的屁股朝天在水裏覓食，有的互相追逐嬉戲，河裏頓時熱鬧起來。放鴨人站在小船上，用撐篙指揮著鴨群向水草豐茂的地方游去。那種鄉間憩靜的生活，如詩如畫，令人忘憂。不由人想到蘇軾的詩：

竹外桃花三兩枝，春江水暖鴨先知。

蔞蒿滿地蘆芽短，正是河豚欲上時。

岸邊的孩子們「數鴨子」玩，也是件挺有意思的事兒，同樣反映出樸實無華的鄉間生活。

## 喂雞

雞是人類飼養最普遍的一種家禽。家雞是由野生的原雞進化而成的，其馴化歷史至少約四千多年。也就是說，先民在刀耕火種時期就知道馴養家雞了。但專家認為，直到一千八百年前，人們才把雞肉和雞蛋當成商品推向市場，

進行買賣。

　　雞的種類有火雞、烏雞、野雞等，家雞屬於鳥綱雉科。它的品種很多，傳統品種有來航雞，九斤黃、蘆花雞等等。養雞是農家的一項副業。種田的農戶幾乎每一家都會喂上幾隻，為的是生蛋。除自己食用外，還可以賣給下鄉收雞蛋的小販，換些零用錢花。用來購買不可缺少的日用品。人們謔稱為「雞屁股銀行」，日入雖然有限，但細水長流、日積月累，也是農家進些活錢的一條渠道。

　　喂雞要有一定的技巧，要巧喂飼料。飼料影響雞肉的質量，優質家雞在育雛期，就多喂一些容易消化、營養全面的細飼料。如米糠、小米、棒子麵、青菜等。而且要少量多餐，以促使雛雞生長發育。育成放牧期要多喂青飼料、土雜糧，來改善肉質。晚歸後，再補喂些配合飼料，適度催肥。

　　農家養雞有個特點，就是多養母雞，一窩雞中只養一隻公雞，這隻公雞是用來司晨和給一幫母雞「踩蛋」，提供性服務。這種編制，有利於雞群的凝聚力，又能促進母雞下蛋高產。

## 雞鴨行

　　所謂雞鴨行就是專門收購和批發零售雞鴨的貨棧。這種貨棧一般都設在離菜市場不太遠的地方。大的雞鴨行有外派夥計，專門到農村去收購雞鴨。如果有農人把自己餵養的雞鴨送到門上來售賣，當然也是來者不拒。

　　幹這一行的人都是人精，對雞鴨有著獨到的瞭解，比如，賣貨人說送來的

是「項雞」，也就是沒有下過蛋的雞。棧裏的夥計把食指往雞屁股上一摸，馬上就能分辨出是真是假。接著用手撥開雞身上羽毛，就能知道生長的天數夠不夠。最好的「項雞」要長到九十天，不夠三個月的雞太嫩，羽毛根部還呈黑色，吃起來像木屑一樣沒有味道。而長過四個月的，也就算是老雞了，吃起來則有些塞牙。「項雞」是一個價錢，老雞又是另一個價錢。

相鴨子則是另一條經驗，鴨子的好壞要看鴨屁股是粉的、還是粉白，這都是長年累月積下來的經驗，好孬都蒙不了他們。

雞鴨行裏沒有地秤，只有木桿秤，秤索弔在梁上，不管哪位主秤，還是開單付款的會計，都有極強的記性和高超的口算才能。比如兩隻大鵝剛掛上秤鉤，他邊聽單價邊問姓名，一隻手準確地捋開秤錘索，口裏高唱起來：「來呀，要現個呀，要鵝兩隻，四十二斤四兩呀，要價一個六分半呀，要共七元零七分呀！」民初用的還是十六兩秤，折算相當困難。還沒等寫單的人撥響算盤珠，他已迅速把金額報出來，精確到分。四捨五入，極少有差錯，如有神助。往往他們眼睛就是秤，能做到一次準。

## 扳罾

在江上駕船扳罾是捕魚人的一項勞作。罾是一張特別大的漁網，能遮天蓋水地把一大片水面罩住，漁人用來捕捉江中的遊魚。扳罾的底部是三四米見方的漁網，兩個對角用兩根竹子呈弧形撐住。交叉處用一根兩米多長粗毛竹筒固定，做為把手。網裏扔幾塊小石子，扳罾浸到水裏，扳魚人就閒著聊天、

抽煙。過一會兒，用兩腿夾住毛竹筒下部，身子前傾，兩手努力探過去，抓住毛竹筒上部，用力抬上扳罾。網就灑出水，裏面就有幾條或大或小的魚兒。清季有《兒歌集》唱道：

　　一網不撈魚，二網不撈魚，

　　三網就撈小尾巴魚。

　　唱的就是扳罾。船上扳的罾只有熟練的漁人才能使用，放罾、收網、扳罾，若不留心，不是傷了下巴，就是傷了膀臂。扳罾捕魚一是靠技術，二是幾分運氣。多種情況下，漁人並不知道有沒有魚兒，遇有魚群時，漁人便互相打招呼，一起扳罾，熱鬧起來。看到一條條活崩亂跳、銀光閃閃的魚兒躍入網中，喜悅心情難以言表。

　　扳罾這一行，從不「三天打魚，兩天曬網」。他們天天扳罾，天天曬網，因為罾是毛竹為骨幹，曬的時間少，罾就容易被水泡壞。

## 捉魚

　　清人王鳴紹寫的《練川雜詠和韻》中，描寫了漁人的生活：

　　魚舅魚爺舉網多，老漁綠箬與青蓑。

　　得錢換酒微醺後，詰曲蚪江沖白波。

　　在現實生活中，漁人的生活是十分窮困清苦的。他們一清早便使船上湖，東迎魚肚白，晚上駕舟回舍，西迎夕陽紅。把船搖得遠一些的打魚人，出門還要自帶「竹筒飯」，把竹筒放在小船後面的簍子旁，底部浸泡在江水中，使竹

筒裏裝著的飯不會變質變餿。漁人頭戴竹笠，身披簑衣，終日風裏來雨裏去，是何等地辛苦。一遇天旱水淺，魚不上網的時候，往往空簍而歸，一無所獲。即使是每天都能打到一些魚，也就混一個自給自足的溫飽而已。

詩人張籍的《夜到漁家》詩，更見證了漁家的江水風波之苦：

> 漁家在江口，潮水入柴扉。行客欲投宿，主人猶未歸。

> 竹深村路遠，月出釣船稀。遙見尋沙岸，春風動草衣。

暮夜投宿的詩人看到漁家的生活環境，茅舍簡陋，地處僻遠，春江潮漲，水入家門，竹叢環繞，暗綠幽深，小路蜿蜒，伸向遠方。滿目淒清，一派冷落。再看漁人的住處，深更半夜，皓月當空。遠眺漁船越來越少，唯一葉扁舟向岸邊行來，漁人正在尋岸泊船，他身上的破簑衣在風中飄動。漁人的生活的淒苦，留給詩人的是沉重的悲哀。

## 魚市

> 海健兒。本領強，魚鱉蝦蟹裝滿倉。

> 各色奇珍市上見，當使老饕亦倉皇。

從圖上看，小小的魚攤上擺滿了河珍海鮮，有胖頭鯉魚，紅石斑魚、烏賊、海鰻等等。既有河魚也有海魚，這裡畫的應是黃河入海口萊州灣一帶的市鎮風光。

販魚與打魚的不同，它是一個相對獨立的行當。一般地講，販魚的攤主是不下海打魚的。滿載而歸的打魚船一靠岸，收海貨的商販早已候在岸邊。因為

都是老主顧，交易的方法也很簡單。由於季節的限制，魚的品種也好分類，大略一過磅，就議定了個總價值。一手交錢、一手出貨。貨一上岸，彼此兩清。打魚的就回家睡覺去了。收購魚貨的在魚棧把魚分類後，再批發售買。一是批給坐攤經營的攤販，如圖中的景致和人物。另外是批給外埠魚販，或是流動的魚挑子。清人朱壽延的《歲事竹枝詞》有寫魚攤兒的詩句：

> 海鮮早到日初含，價愈高時人愈貪。
>
> 今日黃魚真個賤，百文恰恰買盈籃。

常言說：「貨賣時鮮」，尤其魚行生意更要審時度勢，爭時間，搶行市，「見利即放，見好就收」，別有一番經營工夫。

## 販魚

近代詩人程兼善《楓溪棹歌》寫「婦人販魚」詩：

> 兩三燈火照魚鉤，楊柳橋低不礙舟。
>
> 捕蟹魚郎蓑覆背，賣蝦鄉婦布包頭。

賣魚的小販有兩種形式，一種是坐攤營經，有一個固定的場所。每日在此營業，長年不變。這種生意人小有資本，周轉金較多，自主性較強，講究信譽。自己拴有一幫固定的客戶。道行大的還拴有飯莊、飯館，與採買關係稔熟。進貨時心中有底。在沒有任何現代化的冷凍設備的條件下，敢斷然進貴貨，進批貨，出得起本兒，走得動貨。圖中所繪挑擔子販魚的可就不同了，這行人分兩種，一種是出賣勞動力的。憑著一根扁擔兩個筐，專門受雇於人，為

大魚販們挑擔運魚。他們受雇的主顧，從海邊大宗購魚，而後向外埠銷，全靠挑夫挑運。俗語說：「臭魚爛蝦，送到棲霞」。挑夫必須健步如飛，一路小跑。為的是搶時間，爭速度，盡早送到目的地。新鮮的魚蝦才能賣出好行市。

還有一種挑魚的，不受雇於他人，自己獨立經營。但他們的本錢小，沒有大客戶，更沒有鐵下家兒。天未明就去薹海鮮，貴的不敢買，同一個品種也不敢多要，每種各要三五條，多要的是廉價的海雜魚，裝上兩擔筐，挑起來就跑。搶先到十里八村的鄉鎮裏去賣。有買主挑魚，自己立在一旁低三下四地應聲附和，生怕黃了生意。一單生意做下來，也就掙上仨瓜倆棗，維持生活而已。

## 洗魚

作清人章孝標有《洗魚》詩一首，借活魚被殺，淘洗乾淨，來感歎江湖無定，歲月蹉跎。他寫道：

眼似珍珠鱗似金，時時動浪出還沉。

河中得上龍門去，不歎江湖風月深。

洗魚，對於家庭主婦說來根本不是一個行當，買來的魚如果是鮮活的，入廚之前，先用刀背兒把魚拍死，而後刮去魚鱗，用菜刀沿著魚的腹部下緣割開體腔，再將菜刀插入魚腔，撥出內臟，分離魚鰾、魚子或魚白。烹製前的加工十分關鍵，如果加工不得法，會給烹飪帶來不便。而且，會使魚的味道極差，無法下嚥。所以說，洗魚這道工序是很有講究的。

　　在漁人的家庭裏，洗魚的工作則是一個正規的行當了。漁人從河、湖、港、汊打來的魚，賣不掉的一概要拿回家來，交給家中的婦女加工處理。因為大多數的魚不能隔夜。隔夜便死。死魚是賣不出去的，怎麼辦？又不能輕易拋棄。漁家婦人就在船艙內，用一柄剔魚尖刀把魚開膛破肚，摘去魚鰓、內臟，用河水將魚洗淨。魚脊骨處不得留野紅線、綠線，也就是說不能留有魚的積血，更不能留下綠色的魚苦膽。如此處理完畢，把這些魚的內膛和外皮都抹上海鹽，醃漬起來。過上兩三日後，再進一步加工處理。

## 曬魚乾

　　近代學人李幼芝先生在《雪泥鴻爪竹枝詞》中有一首《曬魚乾》寫道：

　　　　冬月村村曬魚羹，柳枝串罷任風霜。

　　　　它朝攜入城市去，飽我三餐貯布囊。

　　賣不出去的魚怎麼處理？一是要清除內臟，二是洗淨魚身，三是塗鹽醃製。而後，用繩子把魚一條條地弔起來，掛在橫杆子上，一併懸掛在室外的屋簷下，或是場院中通風向陽的地方晾曬。太陽要是足的話，曬上三五天就成了魚乾。鰍魚、鱸魚、黑格魚、海珍、紅帶魚、太陽魚，小鯊魚、珠魚、馬膠魚及帶魚，均可以製成魚乾。這樣不僅便於存放，而且味道還特別好。加工好的魚乾，在市場上還能賣出好價錢。

　　曬魚乾俗稱「綠豆條」。近海人家在漁汛到來之時，家家都成了魚乾曬製場。他們把廉價成箱、成筐買來的魚，磕在院子裏，男主人用大鐵鍬鏟上大粒

海鹽，撒在魚堆上，再用鐵鍬鐵鏟翻騰幾下，就算把魚鹽漬上了。第二天，女主人要把魚整齊地掛在綠豆粒粗的鐵條上。那時候，家家戶戶的院子裏都有縱橫交錯的幾根鐵絲用來曬魚，及至魚乾收藏。因為魚的腥臭，鐵絲上、魚乾上也落滿了綠色的蒼蠅。幾天後，魚乾曬成，就成了一種很不值錢的食品，在蔬菜緊缺，除了蘿蔔、白菜之外，幾乎不見綠葉菜的季節裏，鹹魚乾就成了最為普及的「家常菜」了。主婦們買回後，將魚乾洗乾淨，可以蒸著吃，也可以燒著吃，味道都十分佳妙。

## 鯨魚

　　一百年前，我國人民知聽閉塞，聽說過有鯨魚，知其生於海中，碩大無朋。可是從來誰也沒有看見過，只有莊子的《逍遙遊》描寫過一種叫鯤魚，似與鯨同。謂「北冥有魚，其名為鯤遙鯤之大，不知其幾千里也。化而為鳥，其名為鵬。鵬之背，不知其幾千里也。怒而飛，其翼若垂天之雲」。顯然是一個神話。李白則寫過「此生願做安琪生，醉入東海騎長鯨。」也是一個幻想而已。

　　人類是什麼時候發現鯨魚這個物種的？這個問題不可能有確切答案。因為最初見到鯨魚時，人類還沒有系統的文字。所以具體是誰，在什麼時候第一次見到鯨魚，肯定是無法知曉的。但可以設想，最早發明航海術的群落是發現鯨魚的鼻祖。

　　中國人是什麼時候發現鯨魚的？在古籍《爾雅》中有這麼一段描寫：

「鯨，海中大魚也。其大橫海吞舟，穴處海底。出穴則水溢。謂之鯨潮，或曰出則潮上，入則潮下。其出入有節，故鯨潮有時。」算是我國古代最早的鯨魚記錄。

鯨魚的拉丁學名是由希臘語中「海怪」一詞衍生出來的。古人對這類棲息在海洋中的龐然大物，充滿敬畏之情。鯨的種類很多，全世界約有八十餘種，一般都將它們分為兩類。一類口中有鬚無齒，稱鬚鯨。另一類口中有齒無鬚，曰齒鯨。鯨魚是群集動物，它們通常成群結隊地在海裏生活。可是當鯨魚呼吸時，就需要游到水面上來。鯨魚利用頭上的噴水孔來呼吸。呼氣時頭上就形成一股小噴泉。

## 小市

民國初年，由於經濟蕭條、民生不振，城鎮小市盛行。在孩子們的眼裏，小市裏有許多新鮮事，譬如，耍猴的、賣武藝的、變戲法的、唱小戲的、鬧好了，還能買些水果、糖豆兒吃一吃。逛累了，坐在小攤上來碗老豆腐、喝碗糖粥，花錢不多，既解饞又過癮。曩時有兒歌唱道：

> 遇五逢十小市開，大人領我逛市來。
> 手裏攥著大紅棗，一截甘蔗兜裏揣；
> 左邊有人變戲法，右邊有人賣白菜；
> 前邊一陣雞鴨叫，後邊討錢的是乞丐；
> 喝上一碗麵兒茶，吃得我下次還想來。

城裏的小市與鄉鎮的小市就大不相同。小字的意思就是告訴人們這裡只賣零碎用物。小市以時間來分，有早市，通常在後半夜三四點鐘開市，日出收市。晚市在下午三四時開市，黃昏散市。小市多由舊貨擺小攤或擺地攤組成，有的專賣一種貨，如鐵器、電料，有的批發粗製手工品，如紙本、鉛筆等。但特別吸引買主的是打小鼓、收破爛的從民間蒐來的舊貨，這些小攤上，時有珍品發現，如佳本舊書、名人字畫，有時還有不常見的珍玩。除各有本行人到此收買外，還有不少收藏家到此撿漏兒。說不定花上仨瓜倆棗的錢，就能買上一本宋版書、或一張名人的冊頁。舊日有句順口溜說得好：「踏破鐵鞋無覓處，得來全不費工夫。三角買本芥子園，兩角買卷張瑞圖。」

## 洋場

這張圖是出自大英煙草公司廣告部的一位洋畫家的手筆，圖中描繪的熱鬧市場，也正是外國人眼中的東方世界。街道上人群熙攘，騎馬的、乘轎的、步行的、坐東洋車的，人趨犬吠，好不熱鬧。道路兩側商店林立、鱗次櫛比，招牌如伍齊列，幌子隨風飄舞，洋貨與國貨並駕，錢莊與當鋪齊驅，都在爭招著自己的客人。清末民初半封建半殖民的畸形經濟狀況，盡都映入眼簾。

1845 年英租界在上海縣城以北的洋涇浜北岸建立，1848 年美租界在蘇州河北岸的虹口建立，1849 年法租界也在上海縣城與洋涇浜之間的土地上建立。這些租界是當初為了避免「華洋雜居」，容易發生衝突而劃出來的。條約上寫著由洋人長年租用，並准其建立洋人居住區。西洋各國的大興土木，給租

界帶來一片繁榮。

　　因當時稱洋人為「夷」，所以，華人稱租界為「夷場」。1862 年，署上海知縣王宗濂曉諭百姓，今後對外國人不得再稱「夷人」，違令者一概嚴辦。於是，「夷場」改為為「洋場」。上海「十里洋場」之名，一般認為只是一個虛擬詞，表示大的樣子；當年的一位民俗作家寫道：「民初滬上『水則帆檣林立，陸則車馬喧闐』，這裡彙集了『南七北六十三省』的外地客商，京廣雜貨、津滬珍饈，關外參茸、蒙藏氈絨，甚至世界著名的美孚火油、亞細亞的洋布洋綢，也都儕身其間，以爭瑜亮。」這種兼收並蓄、開放前瞻的商業文化氣氛，使躁動著的古老中國充滿了一片生機。

## 雨中小販

　　清晟溪養浩主人撰《戲園竹枝詞》寫道：

　　　洋場隨處足逍遙，漫把情形筆墨描；

　　　大小戲園開滿路，笙歌夜夜似元宵。

　　詩中說的是上海的南京路、城皇廟一帶洋場繁華熱鬧，彼時南京夫子廟，蘇州觀前街，天津娘娘宮、北京大柵欄也是如此。來此遊玩、閒逛和購物的多是富裕家庭，而在街頭提籃小賣的小販則是另外一番情景。天氣好時生意尚可，一旦梅雨竟日，則苦不堪言了。黎錦輝在一部老電影中為他們寫了一首歌：

　　　小販小販好悽惶，踟躕徘徊眼茫茫。

　　　本想鬻菜換糧米，奈何淫雨如淚蕩。

推著車、提著筐，不見買主來市場。

三餐不繼猶可忍，家中還有小兒郎。

生活在都市邊緣的小販，賣菜的也好，賣小吃的也好，本錢小的可憐，一家大小都指著這些小生意所賺取的薄利，來購柴買米。一日沒有生意，一日就斷了炊煙。因之，小販天天企盼好天氣，為的是迎接顧客光臨、照顧生意。一旦「霪雨霏霏，連月不開」，無人上市購物，躉來的蔬果就賣不出去。這一行也就淪為「靠天吃飯」了。有時，小販明知生意無望，但兀自立在雨中，心如火焚地苦苦等待著顧客。這一行的酸楚，非局外人所能盡解的。

## 熱鬧市場

清末民初，西方資本經濟的侵入，給古老的東方帶來了畸型的繁榮。京、津、滬大都會中，都相繼湧現出許多熱鬧市場。市場中，中外商品林立；街道上，華洋男女雜處。人頭攢動、驅之若鶩。清得碩亭有《草珠一串》歌曰：

東西兩廟貨真全，一日能銷百萬錢；

多少貴人閒至此，衣香猶帶香爐煙。

張次溪先生在《北京近百年社會變遷史》中寫前門外的熱鬧場：如「新世界商場，在正陽門外香廠。樓高數重，樓下之左為電影場，右為小有天菜館，中央為戲場。庭有水法池，池左之廊下為售花處，夏日遊人恒多就此品茗。二層樓之左為茶社，中座售茶，四周雜陳貨品，以印章、眼鏡、靴鞋、紙煙、糕點、玩物為多。其右皆為茶社，中央有女子文明新劇場，其前羅列各種遊戲

玩具，如吹風筒、風景畫片等，觸目皆是。西北隅為京津雜耍館，有八角鼓、十不閒、對口相聲、雙簧、快書，各種雜耍。三層樓上之左，亦有茶社，商場中央，有贈品摸彩處，四周為飲茶、理髮、攢花、鑲牙、命相各室。右為球房，正中為露臺，其左端有亭，夏時售茶，並演露天電影，前為坤書館，八埠名姬，唱二黃、秦腔者，率集於此館，外列哈哈鏡六個。四層樓上，前半為番菜館、咖啡館，後右旁為照相館。五層樓為屋頂花園，飛橋亭榭，高入青雲，遠眺全城，萬象森列。午後四時至十時，遊人尤盛。入門票價，向售三十枚云。」

那裡的熱鬧市場，馬路兩側都是商店。從早上到晚上，行人不斷、摩肩擦踵，熙熙攘攘，特別熱鬧。

## 排檔

「排檔」這個詞是很有來歷的，它是源自古代宮廷中的一種腐敗遺痕。

根據《南宋宮廷菜單》考證，當時皇宮裏的午餐，都是由宮廷侍官們自己掏腰包來請皇帝和大臣們用餐的。皇帝和輔國重臣們一個錢也不掏，上級吃下級早已形成風氣。當然，這些侍官也不是傻瓜，他們出的錢各有來路，絕不會做「乾賠不賺的事情」。他們可以利用自己的特殊地位，婉轉進言，替人家拍馬屁、說好話，參與政治、賣官鬻爵，把很多朝廷大事都拿到飯桌上來交易。如是國體失度，腐敗滋生。

後來，「排當」一詞被引到民間，成為一種簡易、廉價、大眾消費的形式。

開排當的營業場地大多設在街邊，擺有幾副桌椅，於是「排當」字便又轉變為「排檔」了。

　　而今所謂的大排檔，都是一家一戶的夫妻店，成堆成列地在鬧市擺攤賣吃食。聲勢大點的就叫大排檔。每一個攤點都在顯眼的地方豎著火光熊熊的鍋灶，旁邊的長條桌上，魚肉、調料、菜肴、碗筷依次擺放，餐桌就搭在的簡易的布棚裏，朝向大街，點菜、吃飯一目了然。遠遠看去，灶火的油煙、燈光下的熱氣、菜肴的光亮和吃客臉上的神情，歷歷入眼。至於圍在一旁伸著脖子的顧客們，選擇吃與不吃，也都在一念之間。排擋也是朋友聚會，促膝對酌的好去處。要吃的東西，均可現點現做，顧客有一種如歸之情，極為愜意輕鬆。排檔的老闆都是自操廚事，錢也掙得很是辛苦。

## 飯館

　　飯館就是出售飯菜、招待食客進餐的店鋪，大致分為「飯莊子」和普通的飯館兩種。飯莊子是以承辦整桌的酒席為主，專應喜慶大事。有大廳作禮堂，有雅間陳設酒席，場面比較大，一訂就是多少桌。有的大飯莊還帶有戲臺，可以辦堂會，一邊吃飯一邊聽戲。舊時代的大戶人家辦壽筵、喜筵，尤其是名伶收徒弟，講究氣勢、排場的多在這些大飯莊子舉辦。飯莊子大廳敞亮、隔間雅致，有的還有庭院花園，像北京取燈胡同的同興堂、觀音寺的惠豐堂、西長安街的忠信堂、金魚胡同的福壽堂、地安門的慶豐堂、什刹海的會賢堂等等，既辦大的酒席，亦設散座，食客們盡可隨意斟酌暢飲，興盡而歸。當然，這裡的

飯菜講究，價錢也就貴了。

　　而一般的飯館兒，也都承辦酒席，但規模就小了，賣的多是比較大眾化的「便席」，上些四冷葷（燻魚、醬肉、香腸、大肚、松花），四炒菜（如焦溜里脊、炒辣子雞、過油肉等），四大碗（米粉肉、扣肉、四喜丸子和紅燒魚塊），一大件（既紅燒整肘子，加一大海碗清湯，或一隻白煮的整雞）。一桌菜，相當豐盛，十幾個人都吃不完。這對於一般小門小戶的人家辦喜事，招待親友也是相當經濟實惠的地方。

　　再小一點的飯館，也就三、四張桌，只能招待一些散客。三、兩知己小坐，或是故友敘舊，飲酒聊天，想吃什麼就點些什麼，有家常菜，也有該店的招牌菜，花錢不多，倒也十分隨意。

## 小飯鋪

　　飯鋪比起排檔就高級一些，因為它有固定的營業場所，還有門面字號，儘管營業面積不大，屋裏能放上三、四張桌。再小一點的，可在門面外放一溜兒板櫈，供顧客吃飯時坐著。這種飯鋪大多是連家鋪，前邊待客，後邊廚房連帶住家兒。比起飯館來可又低了一檔。

　　飯菜攤所售主要食品，為飯、餅、饅首、餅子、粥，如此種種，或以碗計，或以斤量計，價甚低微，以便大眾食用，至其菜蔬，則為炒麻豆腐、豆兒醬、白菜、芽豆、醋溜白菜、炒茄絲及一切素炒菜蔬，每碟菜價不等，湯菜如熬冬瓜、熬白菜、熬茄子等，價僅相倍，至餅子一項，每個僅賣舊幣三百元，粥有

江米粥及小米粥，每碗二百元。

飯鋪的一個特點是不請大廚，紅白案、抓菜、掂炒勺都是自家人幹，或若掌櫃的主灶、或是老闆娘掌勺。做的都是些家常菜、大陸菜，什麼紅燒肉、回鍋肉、炒肝尖、溜魚片、魚香肉絲，燴丸子、乾炸里脊、木樨肉、炒時菜等十幾樣，不鹹不淡，口味平平，白酒零打，米飯管夠，還白送一碗高湯。進門的食客也多是跑單幫的、拉撮說合的、串街夥計之流；而更多的都是「撞客」，也就是些外地人，走路餓了，撞進來，叫上兩個菜，喝口酒，一邊吃一邊歇歇腿。有這些人光顧，也就算是大買賣了。

而進來的食客中，更多的是引車販漿之輩，敞胸露懷、一身臭汗，進們要上碗素炒餅、爛肉麵，或是買張大餅卷大蔥，再叫掌櫃的饒上碗高湯，這就算一頓飯了。如果淨是這樣的賣買進門，飯鋪沒錢可賺，也就開不下去了。

## 賣元宵

元宵又叫湯圓、湯糰、圓子。它是用江米麵加上各種糖芯子搏製或是搖製而成的一種小吃食，吃的時候，放在沸水中煮熟即可。綿軟香甜、滑爽潤喉，人人喜吃。

元宵節吃湯圓這一風俗，最早見著於宋詩人姜白石的一首《詠元宵》，詩中寫道：「貴客鉤簾看御街，市中珍品一時來」。這「市中珍品」即指元宵。元宵的品種很多，其製法是糯米細麵，內用核桃仁、白糖、玫瑰為餡，灑水滾成，如核桃大，即湯圓也。它的名稱也很多，有乳糖圓子、山藥圓子、珍珠圓

子、澄沙圓子、金桔水團、澄粉水團等。

　　到了明代，元宵作為上元節的食品在北京已很常見。清時，御膳房所製的宮廷風味「八寶元宵」，早為朝野傳聞。孔尚任在食過八寶元宵之後，曾寫下這樣的詩句：「紫雲茶社斟甘露，八寶元宵效內做。」

　　民間賣元宵的比比皆是。小販們在未出門前，已把各種元宵製好，用濕紗布蓋嚴，放在挑箱之內。挑子的另一頭，支有灶頭、鍋勺，且帶好碗匙餐具和湯水。清晨、傍晚一天趕兩輪生意，深得婦孺歡迎。賣湯圓也是椿很容易做的小生意，如圖所繪，鄉間的老嫗把家中廚用的家什搬出來，放在路邊一生火，就能開張了。她們事先在家中用江米麵夾糖餡兒、搖製出湯圓，有人吃時，就現把湯圓煮上，待其在滾鍋裏翻花亂轉時，就算熟了，撈出來，兩大枚一碗，連湯帶水，甚是好吃。

## 賣燒鵝

　　燒鵝是廣東的傳統名菜，它是用以整鵝燒烤而成。做法是將鵝宰殺後，收拾乾淨，從右翼下開一小口，割斷三根肋骨，取出內臟，去腳、翼的第一節，以小竹枝從刀口撐入內腔，使鵝體外脹，然後，置入沸水燙至脹硬，再用冷水淋澆，晾乾後塗抹糖水。再以細竹棍將兩翼撐開，以一片翼毛屈折後撐入肛門，使腹腔內的水液流淨，掛陰涼處晾乾。再用精鹽、白糖、八角沫、五香粉，再加八角、桂皮、蔥填入鵝腹，拔去肛門翼毛片，換用木塞塞牢，架於炭爐上烤熟。烤時以旺火烤頭、尾，用文火烤胸腹，頻頻轉動，以皮色大紅為佳。

　　其特點是色澤金紅光亮，肉體飽滿，腹含鹵汁，油脂盈潤。切成小塊後，皮、骨、肉連而不脫，入口即離。皮脆酥香，肉滑鮮美，骨軟香濃。賣回家去佐餐下酒，實為妙品。

　　清胡子晉有《廣州竹枝詞》詠燒鵝：

　　　掛爐烤鴨美而香，卻勝燒鵝說古岡，

　　　燕瘦環肥各佳妙，君休偏重便宜坊。

　　不過，這種吃食在經濟落後的時代，對於廣大勞動者說來還是口奢侈品。買一隻燒鵝要花上半袋糧米的價錢。就是中等人家也不是日日可食的。私塾裏的孩子很調皮，他們在背駱賓王的《鵝》詩時候，不好好地背，而是背成：

　　　鵝、鵝、鵝，曲頸朝天歌；白毛都拔淨，紅掌也燒脫；

　　　買斤燒刀子，先生就酒喝。師娘不給買，先生真沒轍！

## 滷鴨子

　　滷鴨子是一種人們愛吃的燒臘食品，舊日有攤販專營此業。滷鴨子的製作看似麻煩，內行做起來很利索。

　　他們將淨雛鴨洗淨，從脊背處割開，去鴨嘴，放鍋內加水燒開，同時加入蔥段兒、薑塊等佐料，煮至八成熟撈出，風乾。然後用炒鍋製辣味鹵汁，把乾辣椒剪成節，八角、三奈、桂皮、小茴香、草果、丁香、砂仁、花椒、豆蔻、排草、香葉等用清水稍泡，瀝水；紅麴米入鍋，加入清水熬出顏色，撈出渣

滓，再放油燒至三成熱，下乾辣椒節、香辛料及剩餘的薑塊、蔥節稍炒，摻入
鮮湯及紅麴米水，調入精鹽、味精燒開後，改小火熬煮上兩小時，至逸出辣味、
香味後，即成辣味鹵汁。此時，把剛才煮好的鴨子放入燒開的辣味鹵汁裏，用
中火鹵上一陣子，即可熄火，讓鴨子在辣味鹵汁中依次浸泡，隨後撈出來，用
鉤子懸掛晾涼出售。要賣整只的，過秤拿走。要賣半隻或零塊的，小販可以代
客斬切，澆汁，在攤上食用亦可，打包帶回家去也行。

世人多愛食滷鴨子，但也有堅決不食鴨子的。有文記載：有一日，清代詩
人彭紹升為人倜儻，好喜樂施。他的一個朋友做生意折了本錢，十分倒楣，痛
不欲生。彭紹升鼎力相助，勵其重振，贈他資本。果然挽回殘局，生意重見起
色。這位朋友，為了感謝他的幫助，給他送來了一隻滷鴨子。不想彭紹升一
見，陡生怒氣，信手寫了一首詩，並把朋友推出門去。朋友不解其意，把詩打
開一看上邊道；「使君學長生，而好食鴨肉，鴨肉令君肥，鴨冤債誰贖？」

## 水果攤

舊時，窮人家的孩子有首兒歌，唱道：

老婆婆、穿布衫，路邊擺了個水果攤；

水果攤上水果多，鴨梨洋桃水蘿蔔。

鴨梨貴、洋桃澀，不如蘿蔔真解渴。

三瓜倆棗買一下，賽過鴨梨糖各瘩。

歌詞中小水果攤上的任何一種水果，都這麼不好，那麼不濟，就是水蘿蔔

好，又甜又脆又解渴。實際上是小孩們沒錢，買不起像樣的水果，只好拿水蘿蔔「李代桃僵」。

　　圖中所繪，是清末民初鄉間的一個簡陋的小水果攤，攤上擺著幾色剛上市的水果，有桃兒、有梨、有瓜果、靠牆根兒還豎著一堆甘蔗。這些水果不青不紅，並無希罕之物。看攤子的老婆婆因無生意上門，似乎也打不起精神，幾乎已昏昏欲睡。但是，就是這幾色水果，在鄉間兒童們的眼裏，當是「三千年一開花，三千年一結果」的瑤臺妙品，遠遠地看來，早已像孫悟空一樣垂涎三尺了。

## 炒栗子

　　栗子是人們愛吃的佳品，吃法很多，因地而異。江南剁柴肉與大棗共煮食之，叫栗棗湯；把殼劈為兩半，加鹽煮而食之，叫鹽水栗子。把生栗懸於籃子裏，待其乾縮之後生吃，叫它風乾栗子。至於臘月，家家戶戶熬臘八粥，栗子更是粥中不可缺少的材料。更有北京仿膳的名產小窩頭，也是由栗子麵製成，為昔日宮中的御膳。但如今最普通的吃法，就是糖炒栗子了。

　　京、津兩地，秋冬之際，凡是乾鮮果品店門前，都設有一個大灶，夥計們在灶前翻炒栗子，招徠顧客。糖炒栗子的做法是將砂子加飴糖在大鐵鍋中炒熱，再把栗子投入其中，用鐵鏟反覆翻炒。炒熟後的栗殼呈紅褐色，出鍋時，栗子熱氣炙手，剁去外殼食之，果實鬆、軟、香、甜，味如天賜。

　　還有更多的賣炒栗子的小販，他們挑著擔子四處流動，擔架上除有鋼灶、

大銅鍋鏟、劈柴外，還用紅紙寫有「真正良鄉栗子」招牌，入夜，還掛有一盞油燈，通宵喝賣。有《竹枝詞》寫得真切：

> 街頭炒栗一燈明，榾柮煙消火焰生。
>
> 八個大錢稱四兩，未嘗滋味早聞聲。

中國產栗之鄉首推燕冀，《析津日記》載：「蘇秦謂，燕民雖不耕作，而足以棗栗。唐時范陽為土貢，今燕京市肆及秋，則以煬拌雜石子爆之，栗比南中差小，而味頗甘，以御栗名。」其中，尤以良鄉的板栗，殼薄、口甜，果肉細、糯性大，香甜好吃，炒熟以後也容易剖剝。

## 迎娶新娘

圖中的一大隊人馬，是舊日迎娶新娘的一種熱鬧的形式。就是到了民國，這一習俗均未改變，人們依然穿著清朝的衣冠，吹吹打打好不熱鬧，有人打著彩旗，有人執著傘蓋，有人提著大燈籠，有的還打出迴避肅靜的牌子，把全套官員出行的執事都擺了出來。新郎頭戴插花大禮帽，長袍馬褂，十字披紅，騎著一匹漂亮的頂馬，一身榮耀、一臉喜悅，挺胸昂首地走在前面。後面是四人抬的大紅花轎。迎親的花轎是專用喜轎，要用雙頂。接新娘的花轎去時不能空著，要找一個父母雙全的幼童坐在裏邊，叫做壓轎。男家事先預備若干「紅包」；包裹包著銅元、銀元或紙幣等，交給娶親的禮賓備用。

花轎抵達女家門前時，女家大門緊閉，禮賓在外叩門，催請新娘上轎。女家有人隔門要「紅包兒」，禮賓要把紅包兒遞過去。裏邊要是嫌少，可以再要，

禮賓就得再給。給夠了，裏邊才開大門，這時吹鼓手吹打奏樂。禮賓又把預先帶來的銅元，銀元等向門內投擲，俗語叫做「撒滿天星」。

此時，花轎抵住門口，新郎門外打拱而立。不一會聽到哭聲，濃妝豔抹的新娘子身穿鳳冠霞帔，蒙著紅蓋頭，羞羞答答地被人送入轎中。起轎後，新郎依然乘馬前行，吹鼓手、迎親執事和伴轎的娘姨、送親的娘家人等，一列站滿一條街，一路上浩浩蕩蕩逶迤而行，好不威風光彩。

自古講，男人一生要有兩樁天大的喜事：一是「洞房花燭夜」，二是「金榜題名時」。當然「金榜題名」不能人人可享，而男子結婚是誰也脫不過去的。

## 娶親

前邊講過，舊日迎娶新娘，要抬花轎，打執事，新郎騎馬，送親的護轎，隊伍浩蕩，一路上吹吹打打，逶迤而行，好不熱鬧。

娶親的花轎及儀仗回到男家門前時，男家亦照例大門緊閉，據說這樣可以煞煞新娘的性子，過門後才不飛揚跋扈。此時女家來的送親人必向前叫門，再三請求始能開門。這種習俗和女家對付男家是一樣的，但是沒有送紅包兒和撒滿天星的舉動。大門開開之後，花轎抬進院中，院中央放著一個火盆，花轎要從火盆上抬過去。送親人和娘家人才能隨著花轎進入庭院休息。在新娘下轎時，新郎官先向轎門作三個揖，啟開轎門，由伴娘攙扶新娘下轎。然後遞給新娘一個小瓷瓶，俗稱「寶瓶」，瓶內裝以戒指兩枚。新娘把寶瓶抱在懷裏，然後由伴娘攙扶，姍姍而行。另由兩人前後接鋪紅氈，使新娘安步走入喜

堂。這時新郎站在天地神案前，手持弓箭向新娘身上輕射三箭，以為除魔。這些都是在拜堂之前必須屢行的儀式。

這張圖畫畫的是，迎娶的隊伍到了新郎官的家，新娘落了轎，被伴娘和送親人等，擁簇著進了張燈結綵的大門之後的門外情景。彼時沒有禮儀公司，但有代為操紅白喜事的一行人。這行人最懂辦喜事的規矩，又善於靈活運用，可以根據本家的身份、地位、經濟實力、排場要求，代為籌劃運作。他與喜轎鋪、帳棚鋪、彩子鋪、賃器鋪、頭面鋪、帳料鋪以及飯莊廚行都有交情，可以調動一般人馬，輕車熟路地幫助操持，保證做到上下滿意、滴水不漏，為喜事增添光彩。這一行人也是師傅帶徒弟，受過專們訓練之後，才能上崗辦事。

## 拜花堂

舊社會講究迷信，娶親必擇黃道吉日，花轎準時入門，新郎拉弓射箭後，新人進入正堂，隨即鼓樂聲起，拜堂成禮。一對新人先拜父母、再拜高堂，夫妻對拜，送入洞房。

司禮、伴娘也隨之進入新房，待新娘坐定，開始向床前床後拋擲吉物，如花生、果仁、糖果、棗兒、栗子等等。司禮先生唱罷「撒帳歌」，俗稱「撒帳」。隨後，眾人退出洞房，新娘坐帳。此時：由新郎揭開新娘「蓋頭」，俗語叫「初會」。隨即摘下新娘頭上戴的絨花。這朵絨花，任憑新郎隨意一放；如果他放在高處，即象徵它日生男，若放在低處，那麼，頭胎就生女兒。「坐帳」之後，要吃子孫餑餑。這種子孫餑餑是從女家帶來的，吃過以後，再吃長壽麵，長壽

麵是由男家準備的，取「子孫萬代，長生不老」的意思。接著就是飲「交杯」酒，交杯酒禮是在洞房之內舉行，然後在大廳重又擺一桌酒席，叫作「團圓飯」。食罷就進入「鬧洞房」的節目。翌日，新人一起拜家廟祭祖先。

婚禮的全過程，是在司禮官有節奏、有尺寸的調度下完成的。不論是多大規模、大多陣式、多少人和事，他都能調動得有條不紊，紅火得體，滴水不漏，管教各方面都稱心滿意。

在舊社會，司禮官是一個專業的行當，有師傅傳授，沒有正式磕過頭和十來年的磕碰磨練的，根本入不了行，也挑不成事。這一行供奉的祖師爺是戰國時代的縱橫家蘇秦。因為蘇秦長於闔縱連橫，方能六國為相，執禮如儀。

## 祝壽

壽誕是上了年紀的人，過生日時舉行的禮儀。眾人前來祝賀，為其祈福，賀其健康長壽。小孩子、青年人做壽是不妥的，要折壽，只有到一定年齡，四十九歲以後，男逢九，女逢十，才能舉行壽禮。

祝壽一般分為兩天，在老人壽辰的前一天，兒女和媳婦、女婿給老人獻壽禮。壽禮通常有「壽龜」、「壽桃」、「長壽麵」、「壽幛」、衣帽鞋襪等，稱作「暖壽」。凡父母雙全的，必須備雙份。受拜者收禮物時，除衣帽鞋襪外，「麵食」類不全收，以遺兒孫分享。

壽辰之日，做壽的老人要攜全家進行拜壽儀式。中堂「壽燭」高燃，上懸紅底金字「壽」屏。壽星老盛服端坐，兒女晚輩依序跪拜。而後，貴賓賀客紛

至沓來，提攜各色賀禮賀品，登門到舍向壽星祝賀。客人來賓要吟出「添福添壽」等優美動聽的讚美詩，禮貌有加，情感動人。主人則敬茶遞煙，連聲道謝。時近中午，大開盛筵。壽星向來賓分送「紅柑」、「壽餅」等物，以為「施壽」，是長壽共享的意思。富戶做壽，要請道士做「誕生醮」，還要請上一堂小樂隊奏樂助興。動靜大的，有的還要唱場堂會，請個戲班子演戲酬客謝神，以表慶賀。戲曲堂會散場後，辦壽的人家還要舉行「送燈花兒」的儀式。是請壽星或麻姑，還有無量壽佛等「聖駕」還宮。屆時，壽星老的晚輩兒孫及近親摯友們齊聚壽堂，上香設拜俱行三叩首禮。再把「敬神錢糧」元寶、黃錢、千張用彩紙燈花兒逐個點著，送到大門口以外，將神馬、敬神錢糧一併焚化，禮成。次日一早撤座拆棚，壽事結束。

## 兒歌

小小子兒坐門墩，哭著喊著要媳婦。
要媳婦幹嘛？黑夜裏說話打喳喳。

拉大鋸、扯大鋸，姥姥家唱大戲；
接閨女叫女婿，外孫閨女也得去。

搖咞搖、搖咞搖，一搖搖到外婆橋；
外婆橋邊外婆坐，等我一起去磨磨。

這些都是流傳了很久很久的「兒歌」，究竟起源於何時行地，創作者是誰？實在無從考據。

　　這些歌詞兒就是姥姥的姥姥傳給了姥姥，姥姥又傳給了母親，母親在哄孩子的時候，又傳給了下一代。民間的兒歌就這樣一代一代地傳了下來。今日讀來，這些兒歌內容雖然荒誕不經，而且缺乏邏輯性，但它朗朗上口、韻味實足，大人們和著拍打的節奏，把無數待睡的小兒一一送入甜美的夢鄉。

　　用《教育學》來解釋：兒歌，是以低幼兒童為主要接受對象的具有民歌風味的簡短詩歌。它是兒童文學最古老也是最基本的體裁形式之一。兒歌按其功用來分，大致可分為三大類：既「遊戲兒歌」、「教誨兒歌」以及訓練語言能力的「繞口令」等。它是兒童最早接觸文學的一種形式。

　　唱兒歌並不是一個行當，但卻是我們在生活中時常看到的景象。如圖所繪，一群幼稚的小孩團團圍坐在一起，高聲地、反覆地、不厭其煩地唱著這些古老的歌曲，反而給鄉間路人帶來無比的恬靜和安詳。

## 看小孩兒

　　小孩子長到一、兩歲，能自己走路的時候，看什麼都新鮮，不論什麼東西，都想用手摸一摸、碰一碰。這個階段也最危險，離不開大人照看，稍有疏忽，說不定會摔著、碰著，出什麼大事兒。

　　富裕人家家中有保姆、下人，小孩子用不著本家操心。平常人家有父母老人的也好很多，忙時爺爺、奶奶都能搭把手，幫助帶一帶小孩。家中沒有老人的，或是老人殘病、有心無力、搭不上手，孩子全憑自己帶，可就有些麻煩了。看孩子就不能再幹其它事，幹事就不能看孩子。於是，臨時代看小孩兒的

這一行就出現了。

那年頭沒有托兒所、幼稚園，村鎮上總有一些閒著沒事兒幹的老大媽，為人勤勉、又愛助人為樂，喜歡孩子，本村什戶的，誰家有事兒忙不過來，就把孩子送來，求老大媽給照看照看。也可能是一個時辰，要不就是半天，待完事之後，孩子家中來人，再把孩子接回去。進門千恩萬謝，臨走還多少送些糧米吃食，或是些許錢鈔，以為報酬。老大媽先是推卻不收，奈何鄰里情真，也就恭敬不如從命了。

## 趕廟會

早期廟會僅是一種隆重的祭祀活動，隨著經濟的發展和人們交流的需要，廟會就在保持祭祀活動的同時，逐漸融入集市交易活動。這時的廟會又得名為「廟市」，成為中國市集的一種重要形式。隨著人們的需要，又在廟會上增加娛樂性活動。於是過年逛廟會成了人們不可缺少的內容。但各地區廟會的具體內容稍有不同，各具特色。

傳說黃帝時代「日中為市」。《左傳》記載：「鄭商人弦高將市於周。」由此可以推測，春秋時期好像已經有了「廟市」。東漢時期佛教傳入中國，同時道教也逐漸形成。兩教之間的激烈競爭，出現了名目繁多的宗教活動。如聖誕慶典、壇醮齋戒、水陸道場等等。目的在爭取信眾，集資建廟。為此在其宗教儀式上均增加了媚眾的娛樂內容，如舞蹈、戲劇、出巡等等。這樣不僅善男信女們趨之若鶩，樂此不疲，而且許多凡夫俗子亦多願意隨喜添趣。為了爭取

群眾，寺廟為商業活動也提供了商機和環境，廟會就此開始了。

過去大城市中都有廟會，初一、十五，寺廟大開，除了燒香、禮佛、做法事之外，寺廟的空場上還集結商販，做起買賣來了。譬如北京外城的白雲觀、碧雲寺、丫髻山廟會，是一年兩次，於春季的上巳節和秋季的重陽節期間舉行。上巳節是指農曆三月的第一個巳日。而城內的隆福寺、護國寺、白塔寺、東嶽廟等地，幾乎長年開放，逢五、逢九都有廟會。清代王德容有詩云：

> 三月清和寒暖間，綠柳城郭順溪灣。
>
> 人知上巳宜修禊，不上佛山上藥山。

## 上墳

> 清明時節雨紛紛，路上行人欲斷魂。
>
> 借問酒家何處有？牧童遙指杏花村。

這是唐代詩人杜牧寫的一首《清明》詩。每年清明，家家上墳祭祖，是華夏子民的亙古遺風。周宗泰在《姑蘇竹枝詞》中描寫民間清明上墳的情景：

> 衣冠稽首祖塋前，盤供山神化褚錢；
>
> 欲覓斷魂何處去，棠梨花落雨餘天。

清明節是我國民間重要的傳統節日，是重要的「八節」之一，人們把清明節看作與除夕一樣重要。據傳，清明節的起源始於古代帝王將相「墓祭」之禮，後來民間亦相仿傚，於此日祭祖掃墓，沿襲而成為華夏一種固定的風俗。

我國推行墓葬的歷史很早，《周禮》中便有《冢人》的條目。記有「凡祭

墓，為尸」，尸即是神主，依禮儀要求，家家都供奉祖先，供奉神主。西周之時，祭掃墳塋一事已有成例。

明《帝京景物略》載：「三月清明日，男女掃墓，擔提樽俎，轎馬後掛楮錠，粲粲然滿道也。拜者、酹者、哭者、為墓除草添土者，焚楮錠次，以紙錢置墳頭。望中無紙錢，則孤墳矣。哭罷，不歸也，趨芳樹，擇園圃，列坐盡醉。」

清明上墳是有一定儀式的，除了焚香祭酒、兒孫依序三跪九拜以外，還要向故去的親人焚化瘞錢和寒衣。頭三年，還要把新折下來的柳枝插在墳塋一側，以求祖先蔭護。到了清代，人們改用金、銀箔紙折迭出元寶錁子，或剪成弔錢，拎到墳前焚化，以祭先人。

## 賣武藝

在「撂檔子」當中，首推四大生意，行話叫：「金、批、彩、掛」，依次就是算卦、說書、戲法、賣武藝。清人孫蘭蓀有《竹枝詞》描寫耍把式、賣武藝的寫道：

江湖拳頭賣一套，人人都贊工夫到。

慣家看見笑哈哈，記記欺人哪算好。

拳法當年出少林，內堂外堂工最深。

而今久已真傳少，怎向江湖賣技尋。

賣武藝一行古已有之，戰國時代，武術開始作為復述戰鬥的戰功形式進行

表演。宋代興武舉，建武學，結武社，允許他們到各地去賣武藝求生。耍把式就成了民間武術藝人的稱謂，賣武藝也叫賣把式。這一行人或三五成群，或兩人為夥，隨身攜帶刀槍把子，口稱武林世家。每到一處熱鬧場所，握拳打拱，拉開場子。在他們的表白中，報到師承，必言師爺某某、師傅誰誰。這祖師爺的大名往往時隔久遠，多無可考。而師爺、師大爺都是一方近代人物，都是有名有姓的了。如河北的林翼虎，山東的吳友深，他們都是清代末年名噪一方的武舉。至於，這些賣武藝的是不是他們的徒弟，則是樁無從可考的事情。

　　這一行人多少都有些武功，原可以考武舉、進取功名，但自光緒年廢除了武舉之後，以武功謀業者只能充當警衛、保鏢，或是去看家護院、鏢行走鏢。打把式賣藝，本也是習武之人的一條出路，他們各個都說自己是放浪江湖、以武會友，其實，以此謀生，走的已是條英雄末路了。

## 論字命

　　論字命，就是測字，是江湖上「金」字門類、為算命行中的一支。

　　在民間街頭、廟會、集市或城門洞前，常有人擺一小攤，攤上置筆、墨、紙、硯和一長方小匣；有的沒有攤位，手中只提一紙匣，匣內放有若干紙卷。卷上各寫一字，可讓要算命的人自己拈取。也可以由他自己報一個字，測字先生再把這個字寫於紙上。而後，先生便把這個字拆開偏旁，或是加減筆劃，或是打亂文字的結構、改變筆劃順序，重新進行排列組合，從中得出新的思路、設想和推斷。用以算出算命人的吉凶禍福，然後再為其指點迷津，化解

困難。

這一行以文字的拆解、推理、引申論學問，極具書卷氣，一度在社會上十分地盛行。他們較之卦攤、相面、摸骨、批八字、衙牌算命、金錢課等迷信生意，更顯得學識高深，玄機莫測。這一行人貫走江湖，善於揣摩人心的訴求，頗得一些人的信任。所以，此業流傳久遠並留下諸多佳話。

測字，最早文字記述的是《後漢書‧蔡茂傳》：蔡茂夢見自己坐在大殿上，殿頂有一束三穗禾。蔡茂跳起來去取，得到了中穗，轉瞬又消失了。醒來後，詢問主簿郭賀此間有何寓義。「郭賀離席賀之曰：大殿者，宮府之形象也。極而有禾，人臣之上，祿也。取中穗，是中臺之位也。於字禾失為秩，雖曰失之，乃所以得祿秩也。」《辭海》斷言，這便是後世的測字占卜之始。此法一旦進入商業行為，也就成了算命先生一種謀生的手段了。

## 剃頭

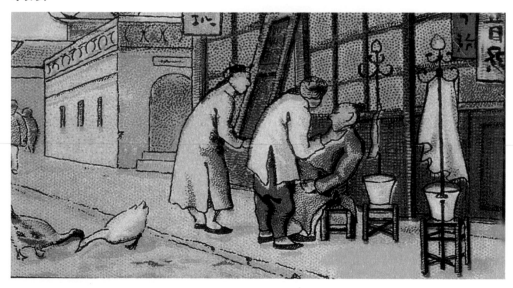

中國老百姓從來遵守聖人教訓：「體身髮膚，受之父母，不得傷損絲毫。」男人蓄髮養鬚，早已成為制度。愛髮者，將頭髮梳成髮辮，盤於頭頂，加冠戴襆，精心愛護；愛鬚者，將鬍鬚梳理得光潔飄逸，睡覺時還要罩以錦袋，萬分誠敬。歷史上曾出現許多諸如柳下惠、徐公、關雲長等名標史冊的美髮公和美髯公。

古代男人髡首（即剪去頭髮），是懲辦罪人的一種刑罰。若是自己削去頭髮，被路人看到，一定視其為瘋子。例如楚國接輿就因為髡首，而被時人稱為

「狂人」。要麼就是脫離了紅塵，削髮出家當了和尚的僧人。若是斷鬚，則一定是犯了法規，無以自責，割去鬍鬚，以為懺悔。

及至清朝，努爾哈赤部族入主中原。順治二年，世祖福臨下了一道《薙髮令》。薙者，除草也。即強令漢人男子如同割草一樣，剃去前額的頭髮，以示臣服歸順新朝。那時的剃頭師傅，都是由旗內清兵充任。他們手持剃刀立在街頭路口，執行起命令來，毫不懈怠，雷厲風行。凡抗拒剃頭的，自然落得被砍下頭顱，懸於旗杆示眾的下場。在異族統治的淫威恐嚇之下，眾多漢人不出半載便全部滿族化。剃淨前額，梳起長辮，拖在腦後。就這樣，長長的髮辮一拖就達三百年之久。清帝遜位以後，此規遂廢。

奈何人的頭髮剃了還會長去，需要經常修理。於是，這些行伍出身的剃頭師傅復員後，便以此為業。剃頭這一行就此應運而生。

## 雜貨攤

雜貨攤，也叫地攤，是以銷售舊貨、雜物的攤檔，而且沒有門面、沒有貨架子，至多在地上鋪上一塊布，所有貨物一股腦地雜陳其上，因而得名。

這類生意分兩大類，一為「鬼市」，多是半夜出攤，以銷售假古骨董、賊贓為主。什麼秦磚漢瓦、古玩字畫、銅鼎玉珪、御旨秘冊，什麼都有，就看你懂行不懂行。為什麼叫「鬼市」。一說晚清時期，時局動盪，國之將亡，皇帝都保不住，何況臣子們。許多清廷遺貴，破落富豪，家道敗頹後無以糊口，只能靠變賣祖宗留下來的那點家產苟且維生。但是總歸曾經顯赫一時，哪裏放得

下架子，丟得起面子？於是趁著天亮前半明半暗的光線，拿了古董偷偷到街邊擺攤販賣，既躲開了熟人，還做成了買賣。北京是皇城，當年是官僚世家集中地，此時破敗的顯貴也不少，久而久之，沿襲成市就是「鬼市」了。

還有一種說法是因為開市時間早，天還沒亮，又沒有電燈，烏漆抹黑的，窮人打燃火石，富人提著燈籠，幽幽晃晃如鬼火一般簡陋的照明設備下，人影穿梭停走，飄忽不定。鬼魂雖說不見，但是鬼氣衝天。再加上很多樑上君子也到此脫手一些見不得光亮兒的東西，更有專門造假的人，趁亂兜售贗品，兩者又都是鬼鬼祟祟的。前前後後總之是離不開「鬼」字，鬼市便由此得名。清佚名《燕臺口號一百首》中有一首《竹枝詞》寫道：

乍聽雞鳴小市齊，暗中交易眼昏迷。

插標人去貪廉賤，一笑歸看假貨低。

還有一類是白天擺的攤兒，有文房用具、扇子毛筆，也有剪子刀子、瓶瓶罐罐，日用雜品；售價低廉，專為窮人服務。

## 官員出行

自古以來，官員出行都要使用儀仗和代步的工具，這是一種宣示身份地位的象徵。西漢景帝中元六年，朝廷曾頒布了官員出行用車的規定，是我國有記載的、也是最成型一種制度。其中規定：不同官員駕車馬匹數量要有差別，馬匹越多官爵越高；其二、車的裝飾要體現出等級差別，比如平民乘車只許用青布蓋，官吏食俸兩百石以下的，用白布蓋；三百石以上的，要用皂布

蓋；食俸千石以上的，上方可用皂繒覆蓋。車蓋連同冠服合稱為「冠蓋」，「冠蓋」有別，則仕宦等級也是有所區分的。

漢代的官員出行一般都乘牛車。隋唐時期，政府開始採用騎馬而取代使牛。南宋開始推行轎子，坐在人抬著的大轎上邊即舒服，又威風，於是，官員們竟相傚仿，為了顯示自己地位的尊貴，四抬、八抬、十六臺的大轎相繼出籠。朱元璋看出了個中驕奢的苗頭，很擔心這種養尊處優的轎，會導致吏治腐敗。所以，他在登基不久便規定，只許婦女和年老有病的人外出時節才能乘轎。三品以上的文官，特許乘坐四人抬的轎子。其餘的，外出一概騎馬。

清季此規已廢。官員出行依然乘轎。而且出行所敲打的鑼聲也有的規定：七品的縣官外出，乘四人抬的藍呢轎，沒有頂馬做前導，轎後有捕快衙役，前後要有「吼班」，所鳴的鑼聲每次敲七下，意思是「軍民人等齊閃開」；鑼手之後是「肅靜」牌，「迴避」牌要排在轎前，前面還有衙役兩人分左右兩翼，各執皮鞭不斷擊地，發出「叭、叭」的響聲，讓行人避閃，叫做「清道」。進入民國，此俗隨著新政也已消失。

## 杖頭木偶

杖頭木偶，在古代稱「杖頭傀儡」，它是藝人用木杖操縱來完成動作的。傀儡的頭內部是虛空的，眼睛、嘴巴可以活動，勁部下面連接著一節木棒或竹竿，藝人一手掌握兩根操縱杆進行表演，所以又稱「舉偶」。

杖頭木偶的造型，分為大、中、小三種，小的一尺來高，中的有二尺，大

的則有三、四尺高，十分壯觀。它是以流傳地域的不同，各有特色。杖頭木偶頭大多為木質雕刻而成，表面上施以彩繪，再塗上油漆，眼睛能動，造型與戲曲中的人物形象很相近，生、旦為俊扮，丑則醜扮。花臉的勾畫也極盡裝飾之美，兩眼誇張突出為兩個大圓球，白多黑少，鼻平而闊，兩眉倒豎，八字鬍鬚，嘴角下拉，整個面部短而渾圓。以黑色畫鬍髭、眼珠、眉毛等，其餘部分則十分簡括。每一種生動傳神的造型都以說是一件藝術品。耍木偶與演戲一樣，分生、旦、淨、末、丑。表演的時候，由操縱者連唱帶舞。它能表演人物眾多的連臺本戲，如《水滸傳》，從「武松打虎」可以演到「武松殺嫂」；演《包公案》，可以從《烏盆計》演到《秦香蓮》。總之，它的氣勢要比耍骨骨丟、布袋木偶大得多。一般需有四、五個藝人合作，才能唱起來。

　　圖中所畫的這種街頭表演形式，用的是一尺來高的小木偶，至少需兩個人表演，一人耍兩支杆子，另一人和以鑼鼓，才能把戲唱起來。唱的戲也很短小，只有什麼「武松打虎」、「尼姑下山」、「花子拾金」、「小二打酒」等等。每演一節，到了最熱鬧的時候，便會嘎然打住，為的是收錢。要不然，戲演完了，人也走光了。

## 遛鳥

　　自清入關，中原平定、江山坐穩之後，清世祖便分封八旗兵丁有功之臣，跑馬圈地、永享榮華。功大的不僅封為鐵帽子王，還要另加世襲罔替。八旗子弟自一降生，就享有國家給予的一份俸祿。在這份「鐵杆高粱」的供養下，祖

輩們戎馬爭戰的驍勇精神漸漸褪盡，安逸享樂之風，日淫月浸，漸入膏肓。養鳥、調鳥、遛鳥成了生活中的一部分。

那麼，旗人都養些什麼鳥呢？能學人講話的如鸚鵡、八哥最高級，也最貴；其次是那些鳴聲悅耳、羽毛美麗的小鳥，如太平鳥、沉香鳥、芙蓉、珍珠、百靈、紅靛、藍靛、額勒、紅子、玉鳥、黃鳥、畫眉、叫天兒、蘋果青、梧桐、交嘴兒、老西、珠點紅、虎伯喇等。

其實，養鳥的並非都限於旗人，小康人家的漢人也多玩鳥兒。國人養鳥、調鳥的歷史很是久遠。東漢王充《論衡》中便有：「上虞小兒喜好掩雀」一說。而且歷朝歷代的文學作品中，也頗多關於養鳥的描述。到了清代，在旗人的帶領下，養鳥之風益盛。城市中賣鳥的集市也頗熱鬧。清人楊靜亭《都門雜詠》中描述當時的鳥市：

> 市陳隆福鳥堪娛，奇異難將名字呼；
> 細自鶺鴒大至鶴，買來除卻鳳凰無。

玩鳥，最講究調教馴養。調教好的鳥兒能學人言，能模仿別種鳥兒的叫聲，甚至會倣仿推車、門鈴；有的鳥兒還能叼旗兒、開信，做出多種事來。

## 賣水仙

宋代詩人劉克莊有一首著名的《水仙花》，寫盡了水仙的嬌美：

> 歲華搖落物蕭然，一種清風絕可憐。
> 不俱淤泥侵皓素，全憑風露發幽妍。

騷魂灑落沉湘客，玉色依稀捉月仙。

卻笑涪翁太脂粉，誤將高雅匹嬋娟。

《百花藏譜》載：「因花性好水，故名水仙」。另一說此花初名水鮮，後來，諧音演變為水仙。水仙以福建漳州所產最為稱著，它的鱗莖肥大；葉子青翠；亭亭玉立的花萼、花冠芬芳俊美，有「水中仙子」和「凌波仙子」的美稱。

每逢新春佳節，家家戶戶都喜歡栽幾盆水仙，作為「歲朝清供」的年花。水仙在歲暮天寒，百花凋落的時候開花，因此被人們譽為「凌波第一花」，並被畫家們列入「寒冬四君子」之一。水仙花素潔清雅，超凡失群，她那「含香體素欲傾城」的香姿，「不許淤泥侵皓素」的品格，「不怕曉寒侵」精神，只須清水一盆，白石數粒，簡單清楚，一塵不染。清供案頭，吐翠含芳，說不盡的高雅。水仙花素雅凝姿，秀麗喜人，冰肌玉質，挺粹含娟，冬月開放，向人們祝賀新春如意，福壽吉樣。

每年入秋，梧桐葉落，便是水仙上市之時。市井處處都有專賣水仙花的攤檔，人們爭購水仙，清供案頭，春節一到，正好開花，給人們送來無窮的新春喜悅。

## 修傘的

這張圖中畫了兩個行當，一是賣簫笛的，另一行是修傘的。賣簫笛的一行前文已經談過，現說一下修傘的。

古人稱傘為「蓋」，如《孔子家語》云：「孔子將行，命使持蓋，即而果

雨。」在我國，傘的歷史久遠，可上溯至公元前的殷商時代。一塊出土的古磚刻上，刻有君王坐在金碧輝煌的帶有華蓋的馬車上出巡的場面。華蓋被視為皇權的象徵。

古代的「傘」字是寫成「繖」。此字邊旁從「絲」，顯然是用絲織品製作而成。供皇帝、皇后、王公大臣、達官顯貴出行之用。而普通的平民百姓在下雨時，則是頭戴簑笠，身披簑衣，足登屐齒而行。用竹木製作、可以撐開，也可以閉合的傘，是古代日本人的發明。由在唐來華學習的僧侶和匠人帶入我國，慢慢地推廣開來。南宋時節的江浙一帶就成了製造、批發竹本木股傘的基地。張擇端把不少竹傘畫入了《清明上河圖》。

如是製造雨傘、修理雨傘的行當也就自然形成了。這一行手藝人是挑擔串街、上門服務的。他們的擔子一頭是幾柄破傘，另一頭裝有油漆罐、白綿紙、棕繩、麻線及諸般工具。遇到傘股折斷、榫頭損裂，則拆開舊傘，取出需要的零件，替舊更新；遇到棕繩斷裂，則重穿重製；遇到傘面破損，就剪理整潔後，重新敷上新紙，刷上用桐油加清漆配製的清油。如此，晾乾之後，又可以當成一把新傘去用了。本家花錢不多，故深受市井歡迎。

## 打繩

何謂打繩呢？打繩架一般有五個齒鉤或七個齒鉤。一頭固定在牆或樹上，另一頭的搖架要設在十米開外。細長的麻繩分別穿在這幾個齒鉤上，一人搖繩，另一位下手手執一柄探杆，在這幾組繩子中間來回走動，把細繩從一頭引回，合成雙股，再掛在搖架上。繩匠手把搖把，反反覆覆地搖，一柄搖把兒

連動著這幾個齒鉤。搖一下，這幾個齒鉤就跟著一起轉動，為麻繩加撚。這樣越撚越緊，最終便結成幾股粗粗的大繩。

這種大繩不絞、不結，挺括成型，用來捆紮、固物，做纜、做縴，韌如鋼筋，經久耐用。但有人統計過，每製成大繩一尺，繩匠的搖把兒得搖動數千次之多，下手工人也得來回走動上幾十里地。繩匠一天勞作下來，搖繩的，搖得筋折骨斷；下手們走得腰酸腿痛。他們所付出的艱辛勞動，是局外人難以想像的。但是，他們的收入十分菲薄，生活極度貧困。一個壯勞力一年的所得也只有幾塊錢，難以供養妻兒老小。此行，在貧苦業中是最堪同情的。

時人有順口溜說：

要受窮、學打繩。

走不完的冤枉路，搖不完的手把橫。

看不完的東升日，數不清的眨眼星。

吃不飽的空肚皮，受不完的腰腿疼。

## 賣藥茶

藥茶是在茶葉中添加藥物烹製而成的一種茶飲。我國發現茶葉的時間很早，《神農本草經》中有「神農嘗百草，一日遇七十：二毒，得茶而解」的記載。

隨著實踐經驗的不斷積累，人們逐漸認識了茶的多種功效，開始用它來治療疾病，保健養生。最早有關藥茶的記述，見自三國張揖撰《廣雅》。書中

記載了人們將茶葉製成茶餅，搗成細末，沖入沸水，然後加入蔥、薑、橘等物，烹製成有提神醒酒作用的藥茶。醫聖陶弘景也認為「苦茶能輕身換骨」。

南方人頗講究喝藥茶消暑，大街小巷有很多賣藥茶的小攤。過往行人來一碗，生意也頗不賴。藥茶，雖然苦澀、味同中藥，但對人體確實具有一定補益，飲之可防治頭暈、眼花、中暑、發痧等症。民間的藥茶配方各有各的秘訣。據行內人透露，大多是用白蘿蔔加食鹽煮爛，將用開水沖泡過的茶水倒入，再加入枸杞子、白菊花、生曬參、茯苓、白術中草藥等配製而成。藥茶物美價廉，消渴防暑。唐人元稹有一首「寶塔詩」寫《藥茶》，頗為有趣，堪仔細玩味。

> 茶，
> 香葉，嫩芽，
> 慕詩客，愛僧家。
> 碾雕白玉，羅織紅紗。
> 銚煎黃蕊色，碗轉曲塵花。
> 夜後邀陪明月，晨前命對朝霞。
> 洗盡古今人不倦，將至醉後豈堪誇。

## 跳獅子

南獅分紅、黑、花三種。紅色代表忠勇，稱為醒獅，亦叫關羽獅。黑色代表勇猛，稱猛獅，亦叫張飛獅。花色代表仁厚，要故稱瑞獅，也叫劉備獅。要

起來，雙獅爭強鬥狠，一獅調和斡旋，情景擬人，別有趣味。

婁子匡在《歲時漫談》中說：獅子的舞法有文耍和武打兩種。某一社裏有雄的雌的舞獅兩頭對舞，做出互相戲弄，咬抓、交配、爭繡球等各種姿態。稱為文耍。武要則是有國術工夫的玩意兒。用各種武器逗獅子，其中有用火棍圈擒拿獅子的節目，更有用五張大方桌疊起來，獅子上桌子，從第一張桌躍到第五張桌。一邊竄躍，一邊做出許多姿態來。例如，一頭獅子爬上來，第二頭也爬上桌子，對舞完畢，兩頭獅子一齊從第五張桌上跳下去，落到地面，仍然一起滾著、舞著，在地面上一邊行進一邊戲耍。遇有香供攔桌，獅子就要上桌過山；遇有小橋流水，就要做盤欄杆、探海等高難動作，這才顯出舞獅人的能耐。

傳統的舞獅技藝有「出洞」「上山」「巡山會獅」「採青」「入洞」等表演。尤以「採青」動作難度較高。所謂「採青」是一顆帶頭的生菜，菜中還扎有一個紅包，主人把「青」高高地舉起，或擎、或擲，南獅要用口把「青」接住，再吐出來拋給主人。主人接到後表示接到福了。有詩讚道：

> 調獅子，有意思，舞爪張牙顯威勢，
>
> 中國人稱是睡獅，睡獅忽醒大奇事。
>
> 不願獅睡但願醒，敲得手中鑼不停。
>
> 獅子怒把繡球搶，腳踏全球猛現形。

## 踏街唱

　　踏街唱是民國時期藝人唱歌賣藝的一種表演形式。踏街唱的曲種很多，圖中所畫的是南方流行的竹板歌。藝人在演唱時，雙手使用四片竹板，或自行演唱，或是二人一起合唱，因而得名。藝人手中的竹板，是用毛竹片製作的，長約六寸、寬約一寸半，為使其音清脆打遠，多以桐油煮浸過。歌者在演奏竹板時，用拇指根卡住竹板內緣，食指和中指夾住第一、二節竹板外緣，用手勁震顫，兩板碰擊而發出樂音，為歌唱伴奏。歌者或唱故事，或唱名賢集句，節奏錯落、聲音抑揚，很是受聽。唱竹板歌的，皆是些流浪藝人，他們走街串巷賣唱，藉此乞討錢米度日，故而也名「叫化歌」。

　　不過，從圖上來看，這兩個表演的藝人演唱的形式更像是竹板書。這種竹板書形成於清代嘉慶年間，據老藝人說：嘉慶年間，皇太后壽終，上諭京師百日之內禁止動用管絃樂器。這樣一來，許多藝人經濟拮据，難以度日了。不少人改了行，河北來京行藝的鼓書藝人劉丹池為謀生計，與他的師弟張連奎二人放棄了絃索，只用竹板伴奏唱了起來。他們把「數來寶」「蓮花落」等曲調融在一起，逐步發展成一種獨特的曲藝門類。直到光緒年間，竹板書在兩輩藝人的創造下達到成熟，不僅形成了一套完整的唱腔，積累了一批經典書目，如「梁山伯與祝英臺」「孟姜女哭長城」「樊梨花征西」等。

　　民國初年，竹板書藝人中出現了一大批代表人物，影響遍及黑、吉、遼、京、津、冀廣大地區。其中，女演員宋相臣在演唱時有時摻有河北鄉音，更具特色。男演員王來恩還遠到揚州、西安、香港等地演唱。

## 捏麵人

民間捏麵人的有南派和北派之分。其實，所用原料和工藝過程並無多大區別，但叫法不同。北方叫捏麵人，南方人則稱呼「江米人」「米粿雕」或「糯米仔」。此圖所繪是南派麵人。這一行所供奉的祖師爺各不相同，北派供奉畫聖吳道子，南派則供奉諸葛亮。

捏麵人的來源，有著一段故事。相傳三國時，孔明率兵攻打孟獲，經過七擒七縱，終於使這位蠻將孟獲臣服。孔明班師回朝途中經過瀘水，正當大軍渡江的時候，突然狂風大作，浪激千尺，一片鬼哭神嚎之聲刺人心脾，使大軍處於一片惶恐之中，無法渡江。孔明當即招來孟獲詢問其中原因。孟獲回答說：兩軍交戰，傷亡慘重。陣亡將士的魂魄無法返回故里與父母妻兒團聚，故而在此興風作浪，阻撓大軍回程。軍師若要渡江，須斬七七四十九顆人頭祭江，方可風平浪靜。孔明不忍殺戮無辜，心生一計，命廚子用米麵為皮，內包牛馬之肉，捏塑出四十九個人頭，在江邊陳設香案，灑酒祭江。把假人頭擲於江內，剎那間江上陰霾散盡，風平浪靜，大軍順利渡江。自此之後，捏麵人這一行的技藝便大行於世了。

捏製江米人一般從面部五官開始。先取出一定量的麵團，按在竹筷上，用撥子捏出臉部輪廓。然後捏出眼、耳、鼻、嘴等形態，黏上黑色的眉毛，作出眼睛，挑出嘴唇。接著，製作出穿有黑靴的雙腿，用黃、綠、紅、黑等顏色的麵劑揉成片狀，製作成色彩斑斕的裙袍。再用麵劑捏成手臂，用小剪子剪出五指形狀配以武器。這樣，一個色彩豐富、精神飽滿的人物，立即活靈活現起來。

## 放鞭炮

明代蘭陵笑笑生在《金瓶梅詞話》中，描寫西門慶府前燃放鞭炮、煙火時的熱鬧情景：「但見院野一丈五高花椿，四周下山棚熱鬧。最高處一隻仙鶴口裏銜著一封丹書，乃是一枝起火，一道寒光，直鑽透斗牛。然後，正當中一個西瓜炮迸開。四下里人物皆著，剎剎萬個轟雷皆燎徹，彩蓮舫、賽明月，一個趕一個，猶如金燈沖散碧天星、紫葡萄、萬架千株、好似驪珠倒掛水晶簾，霸王鞭，到處響亮。地老鼠、串繞人衣、瓊盞玉臺，端的旋轉得好看。銀蛾金蟬，施逞巧妙難移，八仙捧壽、名顯中通、七聖降妖，通身是火。黃煙兒、綠煙兒，氤氳籠罩萬堆霞。」這裡不僅寫出了煙火的壯觀，還羅列出數十種鞭炮的品種。這些文字披露了一個事實，宋、元、明三代鞭炮煙火製造業的發達。

　　放鞭炮是過年、過節的主要內容之一。也是渲染節日氣氛的有效手段。放鞭炮是一種消費行為，而不是一個行當。製作鞭炮是一項專門的技術，也是一個專門的行當。舊日，民間製造煙花爆竹的作坊多在鄉間，也是農閒時農民的一項副業。做鞭炮的工藝很複雜，首先是兌火藥「一硝、二磺、三木炭」調兌時要慮及硝的含量、木炭的種類及各種配料的混合方式，與火藥打交道、性命攸關，來不得半點兒大意。其次是捲紙筒、填藥、加引芯，三是紙筒上下的封堵。如是製出來的各式各樣的爆竹、大鞭、小鞭、二踢腳、麻雷子，大掛的鞭炮、煙火，春節前都是搶手的買賣。清代竹枝詞中有「賣炮焯」一首：

　　　　百子炮響月炮亮，多是徽州好炮仗。

　　　　金盆撈月飛上天，九龍恍似神龍降。

## 迎神賽會

　　舊俗，把神像抬出廟來遊行，並舉行祭會，以求消災賜福，逐步形成了一種群眾性的娛樂活動。吳震方《嶺南雜記》說：「粵俗最喜賽神迎會。凡遇神誕則舉國若狂。余在佛山，見迎會者臺閣故事，爭奇鬥巧。富家競出珠玉珍寶，裝飾孩童，置之彩輿。高二丈，陸離炫目、大紙爆俱以繪綵裝飾。四人昇之。聲徹遠近，中藏小爆數百，五色紙隨風飛舞如蝶，聞未亂時更盛。土人頗慚此會殊寒儉矣」。

　　賽會源頭可追溯到遠古時期，《周禮》就記載了這種「大儺」活動。隨著歷史的演變，這種載歌載舞的祭祀禮儀逐漸變化為迎神、敬香等不同主題的活

動」。《洛陽伽藍記》中描繪了四月四日長秋寺遊白象的場景：「辟邪的獅子在前面開路，簇擁的隊伍中有「吞刀吐火」「彩童上索」等表演，奇技異服、文物成行，白象停留之處，觀者如堵。」此後的迎神賽會均按照這種模式繁衍成例。明清達到極盛。京、津一至三月，便每日都有賽會，屆時社火如潮，百戲雲集。各縣大邑，遠道而來。車馬塞路，無隙可尋，紅顏白鬢，迷漫於途。百業停工，交通斷絕，通宵達旦，歌舞如狂。有法鼓會、八仙會、鮮花會、五虎扛箱會、門幡老會、太平花鼓會、重閣老會、燈牌、十不閒會等皇會，名目繁多，令人目不暇接。

清代名士孔尚任的《燕九竹枝詞》寫北方的賽會：
　　小兒花鼓鳳陽調，士女周遭拍手笑；
　　又有一班裝更奇，十番車上諸年少。

## 扮犯人

農曆十月初一，俗稱「十月朝」，也叫「拜城隍」「五猖會」，是一個「鬼節」。相傳城隍爺是南宋文天祥的化身，城隍每年出巡三次，清明、七月半和十月朝。為的是勘察民間疾苦，解脫冤獄倒懸。屆時，淮安、清江浦、紹興等地皆於「十月朝」舉行城隍爺出巡的活動。城隍出巡時，有儀仗前導，鳴鑼擊鼓，為神開道。侍衛有五大班，有很多人扮演犯人，穿紅色衣服，腰束布裙，身背鐵鍊及手枷，手執香火、供品，在賽會的行列裏結隊而行。如圖中所繪的

樣子。犯人們一個個煞有介事、洋洋得意，惹得圍觀的人們交頭接耳，品頭論足，好不大出風頭。

　　魯迅先生在「五猖會」一文描寫「十月朝」的情景。寫道「開首是一個孩子騎馬先來，稱為耶塘報，過了許久，高照到了，長竹竿揭起一條很長的旗，一個汗流浹背的胖大漢用兩手托著。他高興的時候，就肯將竿頭放在頭頂或牙齒上，甚而至於鼻尖。其次是所謂的高蹺、抬閣、馬頭了。還有扮犯人的，紅衣枷鎖，內中也有孩子。我那時覺得這些都是有光榮的事業。與聞其事的即全是大有運氣的人要。大概羨慕他們的出風頭罷。我想，我為什麼不生一場重病，使我的母親也好到廟裏去許下一個『扮犯人』的心願的呢？」從文中可知，舊時的迎神賽會實有「扮犯人」這一行。

## 轉糖攤

　　舊日，各地集市、廟會和小學校的附近，大多擺著一個轉糖攤。攤主總在招呼著小孩子們來玩轉糖。這種轉糖攤都不高，有一個大圓木盤子平放在尺來高的筐子上，木盤上自中心向外劃分著大小不等的許多格子，格子有寬有窄，每個格子裡面分別擺放著各色糖果和小玩物。如洋畫片、橡皮、鉛筆或是糖球等等。當然，還有許多不放東西的空格。盤子中心支著一根木杆，杆上頂著一根橫杆，橫杆一頭是搖把兒，另一頭用線懸垂著一根大鋼針。小孩子花上一分錢就可以轉一次。一搖把手兒，那枚鋼針就隨之轉了起來。眼睜睜看著鋼

針停在哪裡，停在哪一個小格子上，若這一個格子中擺著東西，便可把這個東西取走，算是贏了。如果停在空格上，那就自認倒黴，算是輸了。每次花上三五分錢，多少還是有所收穫的。總不至於空手而歸。清代嵩山道人有首竹枝詞寫得好：

> 我的生意不開口，主客走來自動手；
> 針頭轉在條子上，包你吃個糖繡球。

轉糖是一種有趣的小生意，在誘發兒童佔有欲的心理活動之際，賺取些小的利潤。而小童們在轉糖攤上，對那根懸針的轉停充滿了期望，想得到自己心想的小吃食或小玩意兒。可是，懸針轉起來總是十發九空。

仔細考證起來，這一行生意也頗有歷史。南宋曾三異曾在他撰寫的「因話錄」中寫過：「都下賣糖者，作一圓盤袁可三尺許，其上畫禽鳥雜物之狀數百枚，長不過半寸，闊如小指。甚小者只有兩豆許。禽之有足，弓之有弦，纖悉瑣細，大略皆如此類。以針做箭，而別以五色之羽，旋其盤，買者投一錢，取箭射之。中者得糖。」足見，這種生意已有七八百年的歷史。這裡所描寫的「射箭中的」方式，真與現在流行的擲飛鏢一模一樣。它與轉糖攤之間的區別，大概一個是豎擲，一個是平轉。而平轉當然比豎擲要安全得多了。

## 打醮

打醮，按《說文》的注釋，是指古代青年人在成人的冠禮上的一種簡單的儀式。長輩給晚輩斟酒，晚輩不用禮讓。唐代以後，打醮二字就專指道士、和

尚為禳除災禍而設的道場。《紅樓夢》中就有賈府在清虛觀打醮的描寫：「有襲人報告給寶玉說，昨兒貴妃打發夏太監出來，送了一百二十兩銀子，叫在清虛觀初一到初三，打三天平安醮。那榮府中聽見是貴妃做好事，賈母親去拈香。不過，並不算太熱鬧。唯有老道士很會陪老太太聊天而已。」

　　一般說，來打醮時道觀裏裏外處都要布置一番，供人觀瞻遊覽。正如這張圖畫所繪。觀裏擺放了各種應時花卉和精緻的盆景，遊廊裏懸掛宮燈，顯眼處還擺上一齣齣紙塑人物的戲齣。如《白兔記》《荊釵記》《連環記》《劍俠記》等等，有文有武，如同觀裏請了戲班唱戲一樣。

　　清代末年，打醮變得熱鬧起來。施主請道士設壇念經做法事，還要斬青龍、上刀山、走火坑：過油鍋、擺油燈陣。道士一人拿竹篾紙龍，一人拿刀，繞著幾百個油燈追逐，表示除妖。醮棚外有吹鼓手迎送善男信女，人們成群結隊地邊舞獅子、花船、太平車、大架鼓，也都爭相獻藝，鑼鼓喧天，形同火熱的社火。清代詩人陳于王在《燕九竹枝詞》中描寫舊京白雲觀打醮時的熱鬧場面：

　　　　鑼鼓喧闐滿缽堂，鶯彈花旦學邊妝。
　　　　三弦不數江南曲，唯有囉囉獨擅場。

## 拜神像

　　舊社會人都迷信，見佛就燒香，逢神便叩首，已經成為習俗。泛神主義在老百姓心頭頗有地位。人都說這是老一輩人傳下來的規矩自有道理。你拜了神

佛，神佛就一定會在關鍵時刻保佑你。從初一到十五，從舊年到新歲，加上各種家祭、宗族祭拜，迎神送神，節氣時令，足可以把一切時間都占滿了。虔誠迷信的婦女對拜神像這樁事更加認真。每次祭奠都要準備時蔬瓜果、糕點米麵、紙錢冥幣、香燭煙火，既不可以少，也不宜多。搭配上斷然不能出錯，什麼樣的神享受什麼樣的待遇，接受什麼樣的祈禱，什麼樣的神有資格賜教符，什麼樣的神主官運、財氣、生育、平安，斷然不可混淆。每年正月初五是拜神祈福的正日子，一大早，人們就都提著大包小包，到寺廟裏拜神去了。

不過，拜神是講究一定規矩的。一進佛殿，必須緣左右兩側而入，不可行走正中央，以示恭敬。若靠門左側行，則先以左腳入，右側行則右腳先入，除佛經、佛像及供物之外，其餘不可帶入。進殿之前當先淨身心，洗淨雙手，進入時不可東張西望，到處觀覽。禮拜後，方能瞻仰聖容。瞻仰聖容時，在殿內只能右繞，不可左旋，以示正道。在殿內不可妄談世俗言語，亦不可高聲言笑。

上香也有一定法度。上香時，用大拇指、食指將香夾住，餘三指合攏，雙手將香平舉至眉齊。觀想佛菩薩顯現在眼前，接受香供養。然後走到距佛像三步遠的距離，舉香觀想拜佛。《匯縣竹枝詞》嘲笑鄉人盲目拜神，寫道：

里人有病不飲藥，入廟燒香禱祀忙。

卻笑鬼神通問語，男稱太保女師娘。

## 盂蘭盆節

盂蘭的意思是「救倒懸」，盆為盛供品的器皿，佛教徒認為「祭盂蘭盆」

是可以解救亡人倒懸之苦。據《佛說盂蘭盆經》記載：佛陀的十大弟子中的目連僧，以法眼見亡母生餓鬼道中，因沒有吃的而瘦得皮包骨。目連心中難受極了，為報母親哺育之恩，便以缽盛飯給母親送去。可是母親左手抓缽，右手搶飯，飯還沒有吃進口，就化成了火炭。嚇得目連悲號涕泣，佛陀說：你母親的罪惡很深，不是靠你一人的力量能夠拯救的。你必須在七月十五日，把百味飲食、汲灌盆器、香油錠燭、床敷臥具等等一概放入盆中，虔心供養十方大德僧眾，才可以拯救你的父母和六親眷屬的苦厄。目連依此而為，他的母親果然脫離餓鬼之苦。往長生天上享福去了。

此後，盂蘭盆會就成了善男信女的節日。相沿成中元節，除設齋供僧外，還增加了拜懺、放焰口等活動。這一天，人們事先搭起法師座和施孤臺，法師座跟前供著超度地獄鬼魂的地藏王菩薩。下面供著一盤盤麵製桃子、大米，施孤臺上立著三塊靈牌和招魂幡。過了中午，各家各戶紛紛把全豬、全羊、雞、鴨、鵝及各式發糕、果品、瓜果等擺到施孤臺上，主事者分別在每件祭品上插上一把藍、紅、綠等顏色的三角紙旗，上書「盂蘭盛會」「甘露門開」等字樣，儀式是在莊嚴肅穆的廟堂音樂中開始。法師敲響引鐘，帶領座下眾僧誦念各種咒語和真言。然後施食，以祈五穀豐登，執禮如儀，熱鬧非凡。

## 閻羅殿

舊日，有的大寺廟供有十殿閻君的閻羅殿，閻羅殿是幽冥世界的首腦機關，由十位閻王爺主宰陰曹地府的事情。這十殿閻君分別是秦廣王、楚江王、

宋帝王、仵官王、閻羅王：平等王、泰山王、都市王、卞城王和轉輪王。十殿
閻王中除了最後的轉輪王之外，其他九位閻王的殿上都設置有各種不同的刑
具，用來處治和懲罰那些生前為非作歹的惡人。前人有詞描繪十八層地獄：

　　弔筋獄、幽枉獄、火坑獄，寂寂寥寥，煩煩惱惱：

　　盡皆是生前作下千般業，死後通來受罪名；

　　酆都獄、拔舌獄、剝皮獄，哭哭啼啼，淒淒慘慘，

　　只因不忠不孝傷天理，佛口蛇心墮此門；

　　磨捱獄、碓搗獄、車崩獄，皮開肉綻，抹嘴齜牙，

　　乃是瞞心昧己不公道，巧語花言暗損人；

　　寒冰獄、脫殼獄、抽腸獄，垢面蓬頭，愁眉皺眼，

　　都是大斗小秤欺癡蠢，致使災屯累自身……

　　孽鏡臺，專門把那些忘恩負義人的醜惡嘴臉照出來，稱秤刑，則把那些
在陽世做生意弄虛作假，賺昧心錢的奸商，用秤鉤子弔起來。割舌頭刑，是將
那些在生前搬弄是非，誣陷造謠的人割去舌頭。剝皮刑，是要把那些淫亂婦女
的壞人，死後剝皮治罪，不得脫身。這些陰間的刑罰都一一雕塑出來，用以警
誡活人。這些造像都醜惡無比，恐怖瘮人。但是偏偏這些迷信的東西，警示世
人，多做好事，莫當壞人，引得人們扶老攜幼地前來觀看。

## 天后宮

　　天后宮又稱天妃宮，媽祖廟。媽祖是歷代船工、海員、旅客、商人和漁民

共同信奉的神祇。在所有靠海的城鎮都建有供奉天后的寺廟。天后的真名叫林默，暱稱默娘。她係福建莆田人，誕生於宋代建隆元年（960）農曆三月二十三日，雍熙四年（987）九月初九逝世。根據《湄洲志》記載：天后之父名惟愨，宋初官都巡檢。母王氏，生一男六女，林默娘為第六女，降生一個月，從不啼哭，因而名默。林默聰慧無比，七歲讀書，悉解文義。十歲時喜靜思獨坐，十二歲，有道士玄通來家，授以玄微秘法。十五歲便能為常人治病，而且，常隻身渡海至湄洲救助海上遇險船舶。這一年九月，她的父親與長兄一起浮海北上，中途遇險，狂濤震盪。默娘正在機織，忽閉眼瞼，神色有異。其母疑其假寐，用手撫之，默娘驚醒，織梭墜地，口稱不好。阿父無恙，長兄歿矣！果然，其兄舟翻舵折而歿。眾人神之，稱之為神姑。默娘二十八歲時，告別諸姐說道：「今日欲遠遊以暢懷，恨不得同行。」家人逐渡海上湄峰最高處，聞隱隱有鼓樂聲，彩雲布合，逐步相見。里人建廟於其處祀之。

民間傳流很多有關默娘的傳說，說她的水性極好，經常駕船出海搭救遇難之人。每於風狂浪急之夜，林默娘都站立在高高的雲頭上，為航船指點迷津，助其避險返航。多少年來，不知救助了多少生靈。故而，漁人在船舶啟航前都要先祭天妃，祈求保佑順風安全。清人崔旭《津門百吟》有詩頌之：

飛翻海上著朱衣，天后加封古所稀。
六百年來垂廟饗，海津元代祀天妃。

## 焚錁子

舊日民間祭祀時使用冥幣，古人有一首《紙錢詩》寫道：

一紙錢紙錢誰所作，人不能用鬼行樂。

一絲穿絡掛荒墳，梨花風起悲寒雲。

寒雲滿天風刮地，片片徵錢吹思至。

紙錢雖多人不拾，寒難易衣饑換食。

用紙錢做冥幣祭鬼神始於宋代。紙錢是用一般的草紙錘刻出來，樣子很像銅錢。一枚代表多少銀錢，是根據它的大小而定的。售出時，是按一刀一刀地計算，一刀為一百張，每張十二枚錢。到了清代，蘇州人發明了錫箔紙，祭祀時，就開始使用金色、銀色的錫箔紙，把它折疊成大大小小的元寶，人們稱之為紙錁。因為，紙錁特別像真的金、銀元寶，故而深得翁嫗喜愛。每到清明或是朝山進香時，人們就把紙錁串在一起，集成一束一束的，專門用來上墳掃墓：祭奠亡人和鬼神。這種方式很快就在大江南北普及開來。當然，使用這類冥鈔要比紙錢貴了許多。

魯迅先生在《花邊文學·如此廣州讀後感》一文中，不無嘲諷地說：「現在那麼的燒幾個紙錠，卻已經不但是騙別人、騙自己，而且簡直是騙鬼了」。為了滿足人們的心願，就出現了專門折紙錁、賣紙錁的一行人。每逢盂蘭盆會，他們的生意也是相當興隆。清人程兼善在《楓溪棹歌》中寫道：「盂蘭盆會盛中元，水陸蓮燈合市喧。地藏欣開今歲眼，棒香遍地插黃昏。」

## 塑紙神

　　塑紙神，就是冥衣鋪的藝人用紙糊出人物、動物，北京人管它叫「燒活」。相聲大師侯寶林在其自傳中寫道：「我一生中就念了這三個月書，但是在那幾個月上學的日子裏，我每天路過冥衣鋪，瞧冥衣鋪糊的燒活。這是我童年時代另一難得的享受。那些紙糊的燒活，糊得和真的一樣，金山、銀山、開路鬼，尺頭為四大件。還有僕人和四合院。紙房子中間還糊上一臺戲。死人活著時愛看什麼戲，就糊什麼戲。還有車，講究用騾拉，騾子必須是菊花青的，車有細木的軸，一拉真能動。這種車叫「落地拉」。

　　清廷在位時，塑紙神和糊樓庫的規模、制式是有嚴格規定的，絕對不可逾制。什麼可以糊，什麼不能糊，逾制要判以重罪的。清帝退位後，民間的喪事沒有了制約，有錢的也大過起皇家的癮來。起樓庫，講究的則雕欄畫棟、前廊後廈，而且有椽子、漢白玉的犀牛座，上下兩層是分開的。臨燒的時候再組裝。樓的兩旁各糊一座庫，一般高九尺，雙頂，庫身一層，庫門口糊二人站立，一是「曹官」，身穿紅蟒，頭戴如意翅的紗帽，手執賬本。另一個是「陰司」，身穿藍袍，戴一方翅紗帽，手拿鑰匙，胸前貼有名條。同時，還必須有四隻大紅的槓箱。統謂之「一樓二庫四槓箱」，合起來是一堂送庫用的全活。

　　糊這些東西，都是死人的陪葬品，表示他在陰間置的恆產。出殯時，抬著遊行送三。到了墳地，一燒了之。表示它們到陰間去侍候主子了。

　　糊燒活的是一門講究的技術。這一行人與棚匠同宗。雖說技藝不同，各有所專，但祖師是同一個吳道子。

## 席匠

在農村，用高粱秸稈的皮兒編製的席子用處很多，譬如鋪炕用的炕席，囤糧食用的囤席。有時人們還用它搭席棚，蓋房子時鋪頂子，都需要這種席。農村中專有席匠以打席子、賣席子作為營生。

打席子用的高粱秸稈，剛砍下來必須曬上幾天，待其脫水變白，半乾最為柔韌時，席匠便把高直壯碩的挑出，削頭去尾剁掉葉子，用刀十字劈開。劈的時候，一定要勻稱自如。用力稍偏就會脫刀，能否一刀到底，是判斷手藝高低的標準之一。秸稈劈好，用腳踩緊，平刀削掉杆瓤，成為指甲寬窄，一兩米長的席篾子。編席開始時，席匠先挑四根寬長的篾條井字型形咬合相扣。然後以此為中心，橫一條豎一條地陸續添加。先是蹲著，不大一會兒就坐下了。他那靈巧的十指和手中的篾子似銀鱗穿梭一般，不一會兒就編出一大片。待席片達到尺寸的要求後，就開始鎖邊兒。這手活兒講究花紋齊整、勻實美觀，簡直是一領藝術品。

高粱秸席與葦席相似，只是沒有葦席光滑、白皙和結實。北方的農家每年都雇席匠編席，自家的秸稈沒有成本，只管飯和掏個加工費，尺寸大小自定，

主要是鋪床和圈起來做糧囤。席匠們坐在秋陽下編席，每張席都是那樣潔白漂亮，實在令人歡喜。

舊日在城裏，席還有一項重要的作用，那就是供棚匠用來「紮大棚」。棚匠搭棚，只有杉槁，竹竿、蘆席和麻繩。平地而起、高至十丈寬亦十丈，中間不見一根柱子。夏季庭院中的天棚，遮陽透風。平時住戶殯喪嫁娶等紅白喜事，搭的靈堂、壽堂、喜堂，也都是棚匠的拿手活，但也離不開席匠的配合。

如今，隨著竹製、草編、亞麻以及葦席業的發展，高粱秸稈編織的席子早已淡出了人們的視野。席匠這一行已退出了舞臺。

## 賣炭爐

天津風爐白泥做，買來生個圓爐火。

圍爐夜話可消寒，閒撥爐灰耐久坐。

嗤彼廣東黃風爐，爐火高架紫銅鍋。

只把鴉片煙來煮，不及此爐得用多。

這首《竹枝詞》是宣統年間畫家孫蘭蓀的作品。詩中對小小的風爐有褒有貶，其實不在質量上，而是在它的用途上，既可以用小心取暖消寒吃火鍋，也

可以用它熬鴉片膏子，可以說它，有益盡可有益，無益亦可害人。

傳統的紅泥和白泥的小火爐，俗稱「風爐仔」，高有六、七寸，闊有半尺左右，肚大口小，容炭旺火。爐面有平蓋，爐門有門蓋，用之取暖也好，烹茶也好，當火鍋小酌也好，事畢之後，可以把兩個蓋都蓋上，爐中的餘炭便自行熄滅變成有炭。下次升火時，還可以當引火用。既安全又節約，操作起來十分方便，深為大眾喜歡。尤其是南方，不燒煤，冬日又不生爐火，用上這麼一個小風爐，取曖、烹茶、煮湯、煎藥，全都解決了。如此一物多用，堪稱精巧。這種風爐極宜製作，成本低廉，售價不高。一般都是民間小窯燒製。出窯後，由小販挑入城鎮售賣。入秋之際，是一椿有利可圖的生意。

清初的布衣詩人陳恭尹在《明末四百家遺民詩》中，有一首詠風爐的五律：

就白灶青鐺子，潮州來者精。潔宜居近坐，小亦利隨行。

就隙邀風勢，添泉戰水聲。尋常饑渴外，多事養浮生。

## 賣鑊

這裡說的鐵鑊，就是人們日常生活刻不能離的廚房用具鐵鍋。目前，隨著廚房革命的變化，一般家庭使用鐵鑊的越來越少，廣大農村、機關食堂、大飯

莊和熟食加工廠，還是離不開大鐵鑊的。用大鐵鑊蒸東西、炒大鍋菜，格外地痛快適用。

鐵鑊的製造是我國民間鑄鐵工藝的一項專門的技術。古代冶鐵業分為炒鑄七行。炒是把從礦山澆鑄成的生鐵塊重新加工，經過鍛打、拉拔工序，生產成各式各樣的產品。鑄是把生鐵從新入爐澆鑄，按產品大小，倒鑄成鍋、鑊和鐵灶等。炒鑄七行分別是鑄造鐵灶行、炒煉熟鐵打造軍器行、打拔鐵線行、打造鐵鎖行、打造農具雜器行和打造鐵釘行。其中，鑄鍋行居七行之首。這一行創造了獨有的「紅模鑄造法」。用這種工藝鑄造的鐵鑊，金相組織均勻，表面光潔度極高，輕巧耐用，頗受歡迎。

舊日賣鐵鑊的小販也是一門獨特的生意。他們躉來大大小小的鐵鑊，用竹筐挑著走街串巷的吆喝：「賣新鍋囉──，換舊鍋鑼──」。不能再用的舊鍋、破鍋，可以折價回收，送到鑄房回爐重鑄，使廢物再生，這一招兒也頗受百姓讚揚。

## 馬車夫

列國時代有這麼一個故事，晏嬰是戰國時齊景公的宰相。他的軀體不高，據說長不滿六尺，相當現在四尺三寸。但他很有才幹，名聞諸侯。有一天晏嬰

坐著車子出門，由他的馬車夫駕車。那位馬車夫的妻子很賢淑。當車子經過自己家門口時，他的妻子在門縫裏偷看。看見她丈夫揮著馬鞭，現出揚揚得意的樣子。當晚丈夫回家的時候，她就責備他說，「晏嬰身長不滿六尺，當了齊國的宰相，名聞天下。各國諸侯都敬仰他，他的態度還是很謙虛，一點也沒有自滿的意思。而你身長八尺，外表比他雄偉得多，只做了他的駕車人，還揚揚得意，顯得很驕傲。所以你不會發達，只能做些低賤的職務，我實在替你覺得難為情啊！」車夫聽了妻子的話後，態度逐漸轉變了。處處顯得謙虛和藹。這是著名的「內助之賢」的成語。故事的內涵姑且不論，但從表面上已知，古代馬車就是一種流行的交通工具。

馬車夫也是一個很古老的行當。當然，隨著時代的進步，馬車的款式變化也是與時俱進的。明清時期的馬車還很落後。

自從上海開埠之後，西洋馬車的引進，給交通帶來很大變化。街道上的馬車一夜之間都洋氣了起來。由於上海建立了跑馬總會和跑馬場，就有許多蒙古馬源源不斷地運抵上海。馬車使用的馬匹大部分是未能入選為賽馬，而被篩選下來的。1867 年，一位叫帕蘭特的西班牙人專門收購被淘汰的賽馬，創辦了龍飛馬車行。另一位叫陶善鍾的浦東人，也利用自己曾在跑馬廳工作過的關係，低價收購馬匹，開設善鍾車行。這兩家車行控制了上海絕大部分的馬車。馬車一度成為上海上層社會的主要交通工具。這些馬車設施講究、體面豪華，亭式車廂，內置沙發、地毯，四周皆為玻璃窗。明亮敞快，外設四盞玻璃汽燈。馬夫也衣著體面，長衫禮帽，文質彬彬。馬車跑起來，四蹄生風，好不威風。

## 賣馬奶

馬奶，又稱馬乳，是一種對人有益的飲品。據現代醫學分析：「其性味甘涼，含有蛋白質、脂肪、糖類、磷、鈣、鉀、鈉、乃及多種維生素、尼克酸、肌醇等成份。長期飲用，具有補虛強身、潤燥美膚、清熱止渴的作用。」馬奶成分與牛奶相似，故功效與牛奶相同。《隨息居飲食譜》指出，馬奶「功同牛乳而性涼而不膩」。常人多食，能強身健體、延緩衰老。從一代天驕成吉思汗，到稱雄歐洲的日耳曼民族，馬奶作為一種強健體魄的乳品，一直備受推崇，是他們喜食的一種日常飲料。

大祇是元代遺風，清末民初的城市裏，也常常會見到賣馬奶的蹤跡。這行人牽著一匹馴良的母馬，馬背上披著一張紅毯子，馬的頸上掛有一個大銅

鈴，走起來，叮叮噹當地山響。人們只要聽到馬鈴一響，就知道賣馬奶的來了。母馬來到家門口，要喝馬奶的就拿著杯子走了出來，與賣馬奶的談好價錢，把器皿交給他，賣馬奶的當即蹲下身子，在母馬的肚皮之下擠奶，現擠現賣，生意還真不錯。馬奶的顏色比牛奶稍微淡一些，聞一聞，甜膩膩的奶香撲鼻。嘗一口，涼絲絲的，味道略帶酸頭，愛喝這一口的都說味道甘美、清新無比。

馬奶本身具有清肺、養胃的作用，但是，如果直接飲用，對身體較弱的人來說會引起腹瀉，所以一般都要等其發酵後才喝。發酵後的酸馬奶含有四度左右的酒精，夏天的時候經常喝，可以解暑消渴，是一種很有特色的飲品。時人有詩云：

　　　一杯酸馬奶，堪比西施乳。

　　　即能潤我喉，又能果我腹。

## 琢玉

我國自古崇尚玉石「古人以冠玉、佩玉為儀態端方，志趣高潔的象徵。」

趙國的一塊和氏璧，秦始皇甘願用十五個城池來換它，足證美玉的身價。李商隱有詩云：「藍田日暖玉生煙」，這一千古佳句，把玉的精氣描繪得恍若靈光。用玉製作高級的文玩擺飾和日用器皿，是人們的時尚追求。唐太宗說過：「玉雖有美質，在於石間，不值良工琢磨，與瓦礫不別。」意思是說石中的玉雖然有美的本質。但是沒有精細的雕琢，與破瓦亂石一樣。琢磨璞玉，美玉出焉曰琢磨君子，聖賢出焉。故古人語：「玉不琢不成器，人不學不知義」。

琢玉是一種專門的學問。元朝的全真大師丘處機，在京師白雲觀中曾撰寫了一部《水凳歌訣》，書中詳細描述了有關辨玉、剖玉、琢玉的技術。玉匠師傅將一塊玉石拿在手中，經過審慎的問料、設計，而後上車。經過鍘、沖、磨、軋、勾、拋光等多種工序。最後方使玉器成型。成為精美的藝術品。琢玉師傅以自己的勤勞智慧，把玉質、玉色、工藝技術、藝術、民族特色融於一體，琢於一體。《詩經》中「如切如磋，如琢如磨」，說的就是玉的工藝程序。蔣敬生有《竹枝詞》寫道：

　　玲瓏塔上玉玲瓏，雕蟲巧手又雕龍。

　　燒玉自須七日滿，學碾更要十年功。

# 交通運輸

## 賣長錠

清代民俗畫家孫蘭蓀有一首《賣長錠》的詩寫道：

長錠原是錫箔做，紙糊東西騙人貨；

燒入陰司化作銀，愚夫愚婦何其誤。

詩中所說，舊日人們在每月月底都要燒這種用金、銀箔紙折迭出的元寶錁子，或是長錠弔錢，以賄賂鬼神。這個主意原本出自妓僚，妓女們頻繁地懺悔，是因為她們的營業不正當、自覺有罪，才要燒紙贖過。想不到，民國期間各個公館裏的太太、小姐們也紛紛傚仿焚錠，這就令人十分奇怪了。

過去，妓女供奉神緣自春秋。紀昀在《閱微草堂筆記》中稱：管子治齊，為女閭七百。徵其夜合之資，以佐軍國謠。因管仲最早公開設娼，所以被後世妓女奉為神明。此外，娼妓還信奉白眉神。明人沈德符在《萬曆野獲編》中說：「白眉神長髯偉貌，騎馬持刀，與關公像略同。但眉白而眼赤，京師人相詈，指其人曰白眉赤眼者，必大根，其猥褻可知。娼妓對白眉神十分恭敬，南北皆然。

原本燒長錠是為了祭祀鬼神，超渡亡魂、僧道作場、掃墓上墳才用，是有時有度的事情。平日多製出來也派不上用處。不想，自從妓院日日月月焚錁贖過，此風一起，很多富戶內眷和平民婦女不查緣因，不問究竟，竟也仿傚濫祭。這樣一來，民間長錠的用量就相當大了，專門製作錁子的作坊時常供不應

求，各店就加雇臨時工來幫助折製紙錠。這些錁子十隻一串、十串一束地串起來，由跑街的夥計將之掛在長竹竿上，送貨上門，也真是一大奇觀。

## 背枕木

背枕木的是屬於「山背子」一行。這行之所以叫「山背子」是因為他們的肩上背著一架梯子型的木架。這種木架呈梯子型，上邊有一個丁字橫樑。樑上可以負載很多重物，碼上兩三百斤的乾柴、糧食、鹽巴，用繩子攬住，背起來就走。他們手裏撐著一支棗木製的丁字拐，走時可以助力，休息時可以把拐支在梯型架上，站著喘會兒氣。幹這一行的都是山裏的窮苦人，沒有別的生財之道，只好靠力氣吃飯。因此叫「山背子」。

這一行人一清早兒帶著背架子在人市上攬活兒，攬到什麼就背什麼，在四川山區的鎮裏，幹這一行的隨處可見。他們衣衫襤褸，面帶菜色。由於長期負重，腿下的青筋暴露，如蚯蚓盤足，乍一看十分可怖。遇到修鐵路的時候，「山背子」可就大顯身手了。一次背上六七根枕木在山裏行走如履平地。在清末民初開始修建鐵路的時期，背枕木的工作全部由「山背子」承攬了。詹天佑在北京修居庸關鐵路時，還特意到四川招募山背子到北方傭工。稱這一行是一支不可忽視的築路大軍。民國名士張啟后有詩寫道：

相君之背，力大於身。其體壁立，其象輪囷。

物高於頂，頗勞揹拄。遠能致之，謙言負負。

# 棒棒兒

　　棒棒兒是四川人對挑夫或搬運工的一種稱謂。因為，他們賴以謀生掙錢養家的本錢和工具，全憑一身氣力和一根竹棒棒兒。這根竹棒棒長約三尺三、闊約三寸五、滋潤光滑、結實耐用。放上二三百斤，二人擔起，巍巍顫顫堅而不折、遊刃有餘。行里人叫它「金箍棒」，也叫它「一人高」。

　　此行起源於四川一帶的山城，人們出門即要爬坡上坎，商賈旅人的貨物行李搬運，大都靠「棒棒兒」們來完成。在重慶的大街小巷，到處都可以看到一些民工，他們手裏拿著一根竹棒、兩條繩子，守株待兔般地等人雇傭。

　　解放碑是重慶最繁華的地區，朝天門碼頭又是重慶最重要的貨物集散地。從解放碑到朝天門碼頭地段是重慶貨流量最大的地區，也成為「棒棒」最活躍的地方。他們成群地往來商場碼頭之間，挑著超過自己體重的貨物，穿過車流，爬坡上坎，為自己的生計流著汗，為家人的希望拼著命幹活。時人有《竹枝詞》寫道：

> 棒棒肩上一座山，壓得棒棒腰塌彎。
> 低頭唯見石階路，一天到晚不見天。
> 無冬歷夏一身汗，汗流浹背濕破衫。
> 家中妻兒尚待哺，可奈身上少銅鈿。

　　舊日，「棒棒」們也分屬不同碼頭，分屬於不同的「袍哥會」。為了求生，他們有著嚴密的組織，其形式與前面所說的上海碼頭幫基本上是一樣的。

## 滑竿

　　滑竿是南方和四川一帶山區的交通工具。它是用四根竹扁擔把一把竹躺椅綁好，待雇主坐穩之後，由兩個身強力壯的人一前一後地把它抬到肩上走。這張圖畫的滑竿就更講究一些了，是由四個人抬，滑竿的躺椅上還帶著遮陽棚。雇主可以躺著，也可以坐著，即神氣又舒服。

　　舊社會，抬滑竿的都是貧窮的山民。坐滑竿的則是官面上的人物或是有錢的老爺、太太、少爺、小姐們。因為有一定的體重和高度，抬滑竿的人每抬一步，那滑竿轎子都會一上一下有彈性地晃悠。人坐在上面就好像坐在搖籃裏一樣，晃晃悠悠特別舒服。而抬滑竿的汗水四濺，與轎上的人物形成了鮮明的對比。民初作家子玉在《坐滑竿走讀梵靜山》一文中，頗為感慨地說：「登山野就如同八級文官制的晉級，越高就越有成就感。但是，於抬滑竿的挑夫來說，卻是數著級數計算生計的活路。上山低著頭，數點著餘剩的階梯，前拖後抵，步步為營。為的就是快些數完那永遠數不完的石階與山路。那光赤的小腿為發力，肌腱們扭成股，青筋暴露，被鹹汗沁熟的滑竿橫擔，有彈性地在紅膛光溜的肩臂上左右跳躍。剎那間，汗珠從前膛後背上星星點點地沁出，抖落在青石階上……」

　　民國革命勝利後，許多著名人士在報紙上發表文章，呼籲人們不要乘坐滑竿。重慶的學生還發起了一場「不乘滑竿」的群眾性運動。但是，始終未能貫徹施行。話說回來，如果取締了滑竿，抬滑竿的窮漢也就沒了飯吃了。

## 小座車

　　舊社會，在南方的城市中常能看到這種圖上畫的代步車，俗名獨輪小座車。這種車是鄉間農人常用的小獨輪車改造而成的。上面改裝成一個靠椅，人可以半躺半坐在小車上，雙膝微屈，洋傘一打，也顯得分外舒適愜意。推車的人用手握住把手，把手不高不低，走起來也不顯得吃力。而且小車靈巧，在纖細的田埂、彎彎繞繞的田間小道上，車輪叮以隨心所欲地騰挪轉繞，不費力氣。這種小獨輪車離地不到半尺，可以載重四五百斤。若是只載人的話，更是綽綽有餘。就是萬一歪倒了，也不會造成嚴重的安全事故。

　　相傳這種獨輪小車是諸葛孔明的發明。當司馬懿占北原，諸葛亮造木牛流馬。這種獨輪車就是書中所說的「木牛流馬」。明代王圻所著的《稗史類編》則認為，這種木製獨輪小車在漢代稱為「鹿車」。東漢學者應劭的《風俗通》是最早記載「鹿車」的典籍云：「鹿車，窄小載容一鹿也。」民國初年，有人試著將其發展為像黃包車一樣的代步工具車，組織農民進城推車載客。宣傳這種車物美價廉，出入方便。

　　但是，這種小座車在民國流行的時間並不長，而且只是在鄉間村鎮中使用，從來沒進入大城市。究其原因，大概是這種車子的造型太土，太小氣，不夠體面。有身份的人不便乘坐。而沒有錢的人則根本不坐。所以，作為一種代步工具一直也沒有發展起來。

## 獨輪車

　　相傳「木牛流馬」是古代的運輸工具。但它是什麼樣子誰也沒見過。春秋末期，王充在《論衡》中記載：魯班曾為其老母製作過一臺木車馬。機關具備，一驅不還。但機關若何，卻不提一字，使得後人對之莫衷一是，一直摸不著頭腦。不少研究者認為，近代的獨輪車就是古代的「木車馬」或所謂的「木牛流馬」。在近現代交通運輸工具普及之前，它是一種輕便的運物載人的工具，與毛驢馱物載人起著同樣的作用。

　　獨輪車的車輪是木製的，有大有小。小者與車盤一般高，大者高於車盤，且將車盤分成左右兩邊。既可載物，也可坐人。但兩邊須保持平衡。車夫在兩個車把之間掛上「車絆」，駕車時搭在肩上，兩手持把，以助其力，緩緩而行。獨輪車一般為一人往前推，但也有大型的獨輪車用以載物，前後各有雙把，前邊有一人拉，後邊一個人推。更常見的則是在車絆上另繫一個長套，前邊有一人拉套，也叫拉絆兒。拉絆兒的多是少年或老年人，因為力氣比較單薄，是一件被照顧的活兒。

　　獨輪車只有一個車輪，由於重心過高，極易傾覆。技術高的小車夫用它載重、載人，長途跋涉，如履平地，平穩輕巧。至於獨輪車的式樣，車轅的長短、平斜、支杆的高低、輪罩的方圓並無定制。清刊《營業竹枝詞》有詩嘲之：

　　　　江北車子獨輪盤，不會推者休想推。

　　　　硬推必要跌撲塌，鯉魚翻身倒轉來。

# 槓大個

槓大個的是北方對裝卸工的一種謔稱。不論多重的大包往肩膀上一放，扛起來就走，沒有好身子骨、沒有兩膀子力氣是幹不了這一行的。

同是用肩膀扛東西，但與幹「窩脖兒」的不同。「窩脖兒」是專門為搬家的人搬運膽瓶、座鐘、擺件等貴重物品，而扛大個的則是為碼頭、貨棧、糧倉裝卸棉包、糧包、布匹、雜物等貨品的。

扛大個的肩頭總得披著一大塊麻包片兒，當作墊肩。每扛一包，手裏便接過一支竹籌，作為放工時計件算錢之用的依據。

幹這一行除了要腰杆子硬之外，更講究腳底下的工夫。移步要穩、要準，扛上一包二百來斤的米口袋，下船也好，進倉也好，都要走「過山跳」。這種「過山跳」是一個接一個的杉木板連接起來的。每條杉木板都有一丈長、二尺寬、二寸來厚。外行走在上邊顫顫巍巍，猶如蕩板。寸步難行。真是「上壓肩膀，下磨腳板」根根毛孔流血汗，碼頭處處鬼門關。而吃這行飯的，肩負重物走在杉木板上穩穩當當，如履平地。他們經常用低沉的聲音唱著這樣的號子，來為自己打氣：

搭起來噻！噢嗨——！
開步走嘍！嗨——嗖！
腳下小心！嗨——嗖！
三節跳板！嗨——嗖！
大膽上去！嗨——嗖！

## 騎頂馬

　　金易先生在其所著《宮女談往錄》中寫道：頂馬是皇家鑾儀鹵薄中排隊前行的馬。「一排四騎，前後四排，不用誇多威武了。一色的紅裏透黑的馬，膘肥體壯，毛梢亮得出油，像緞子一樣。馬的額頭上一律繫著紅纓子，嚼、環、鞍、轡，配著鋥亮的銅什件，左右絲韁齊攏在馬鞍橋上。四匹一排，看著就整齊威武。最美妙的是馬邁的步子，當然這頂馬是為了給老太后護路開道的。為了顯示馬的雄偉英俊，馬一律弔著頭，頭上的紅纓子要在一條線上，腳下要跨大步，妙就妙在這兒。當它們的蹄子似挨地不挨地的時候，慢慢地把蹄子一蜷，又縮回來約一尺五。實際上，邁的雖是一大步，而走的卻只有五寸。這樣就和轎夫的步伐相等了。最奇特的是，馬在往後蜷腿的時候，腰隨著一扭動，肥肥的屁股跟著一擺，上面騎馬的人也隨著馬的身子一齊扭。頭上戴的紅纓帽穗子一甩，煞是好看。」由此可以知道，頂馬是皇室儀仗隊中的一部分。

　　頂馬都是百里挑一的名駿。年年從口外挑選補替，一旦選入御馬圈，就有

專職的馬夫飼養，專職的馭馬師調教訓練。一隻只皮毛光潔油亮，步伐有秩，氣質高貴，威風凜凜。

戊戌變法之後，光緒帝為了更新政治，倡導簡樸而裁撤了鹵薄儀仗。御馬圈的供給日減，職能也變得可有可無了。到了民國，御馬圈也就完全斷絕了供給。御馬圈又非政府編制，民間的富紳新貴，為了顯示排場可以租用頂馬擺擺威風。但是，租借頂馬的事兒並沒有維繫多久，這一行當也就悄然不見了。

## 馱馬

作家施蟄存在一篇文章中寫道：「我第一次看見馱馬隊是在貴州。但熟悉馱馬的生活則在雲南。據說那是一種果下馬的矮小的馬。成為一長行列地逶迤於山谷裏。就是西南諸省在公路出現以前，唯一的交通和運輸工具了。」

果下馬是一種罕見的馬匹。這種馬毛褐色，高約三尺，長三尺七寸，體重只有一百多斤。看似不大起眼，但它可拉動一千二百至一千五百斤重的貨物。這種馬性勤勞、不惜力，健行且善走滑坡。適合多雨的南方駕役。據《羅定志》記載，這種「果下馬」出德慶之瀧水者，「乘之可于果樹下行，有種馬中偶然產之，不可多得。」它是馱馬中最好使的。

施蟄存寫道：「一隊馱馬，通常是八匹十匹或二十匹，雖然有多到十六或二十匹的，但那是很少的。每一隊的第一匹馬是領袖。它是比較高大的一匹，額上有一個特別的裝飾。常常是一面反射陽光的小圓鏡子和一叢紅綠色的流蘇。它的項頸下掛著一串大馬鈴。當它昂然地在前面帶路的時候，鈴聲咚嚨

咚嘍地響著，頭上的流蘇跟著它的頭部一起一落地聳動著。後邊的馬便跟著它行進。」每一匹馬背上安一個木架子做馱鞍，用牛皮繩綁縛著負荷東西。每到一站歇夜的時候，把那木架子連同負載物從馬背上卸下來就行，省卻了許多麻煩。管理馬隊的人叫做馬哥頭。他常常管理著四五個小隊的馱馬。所謂管理並不很費事。他老是抽著一根煙杆在馬隊旁邊，或前或後地行走吆喝，指揮著那匹領隊的馬。與其說他的責任是管理馬隊，還不如說是管理著那些領隊的馬。

## 拉駱駝

民初名士鄭午昌曾為陳師曾先生畫的《拉駱駝》題寫過這麼一首詩：

　　馱夫踏遍六街塵，倚炕圍爐萬戶春。

　　借問長安行路客，雪中送炭有何人？

詩中盛讚了駱駝馱煤，給城里人帶來溫暖的無量功德。駱駝有著溫順、力大、吃苦、耐勞的天性。用來馱運貨物最好不過。過去，北京西郊石景山和南郊南苑一帶，有不少靠拉駱駝為生的駝戶。

拉駱駝這一行分馱腳和經商兩大類。馱腳的是為別人馱運貨物，掙一份腳錢。經商，則是拉著駱駝到外地販運貨物，既掙腳錢，也賺貨利。舊日北京的駝戶主要是從門頭溝馱煤，從大灰廠馱灰，從西山馱木材，到北京送貨或販賣。一般由一個人拉一把駱駝，為了途中同行互相幫助，常常好幾把一起走。駝商拉腳的業務不是自己去承攬，而是通過茶館裏牙紀牽線，與商戶簽訂運

輪貿易業務。拉駱駝的運輸路線長年開通，風雨無阻，很有知名度。經商的人都信任駝隊，願意把貨物交給他們。駱駝隊從中抽取傭金，也算得上是一樁大買賣。拉駱駝主要在春、秋、冬三季，尤其冬天最忙。

還有一種就是拉駱駝跑買賣。這一行要有大資本，自己拴得起一把駱駝。在北方躉上絲綢毛呢、日用百貨，雇上夥計，逕直到口外，走八溝喇嘛廟，崇古或更遠一些的地方貿易。走一趟得一年半載的，回來時，再駄回毛氈地毯、皮毛藥材等等。風險大而收穫也大。

## 騾車

騾車又稱轎車，是用騾子駕轅的一種大車。這種車是舊日老北京的一種主要載人或拉貨的工具。

載人的騾車由車身、車輪和車軸、車圍、套具五部分構成。車身分車轅、車前盤、車廂、車後尾四個部分。車廂有穹形頂棚，有門有窗，官用騾車車輪較高，輻條較細，車轂凸形，車軸稍長。普通騾車俗稱「笨腳」，車輪特別沉重，為的是避免翻車。北京騾車的車軸很有名，車行時，會觸發出一種極清脆悅耳的響聲。只有北京的工匠才會製造這種車軸。車圍有內外之分，外圍用藍布向上翻卷，名為挽手。內圍則為臥廂。套具則包括騾子駕轅時用的鞍子、夾板、籠頭、韁繩等物。這些東西對一架好車說來，也要格外講究。

騾車，有大鞍車與小鞍車之別，所謂大鞍車，即鞍較之普通者為大，是為王公貴人、滿族命婦等有地位有身份的人乘用。小鞍車為普通轎車，式樣如前

所述。但有官車、普通坐車和跑車的區分。小鞍車的用途較廣，人人皆可乘坐。大鞍車的御者需用三人，皆步行，兩人「拿轅」，一人牽騾，雖有韁繩，但備而不用，另以小繩繫於騾之下頦，用手高舉小繩，使騾首高高昂起。三人步伐須一致，騾行迅速則人亦隨之。走起來雖快如飛，而上身不動。

清靜香居主人楊米仁在《都門竹枝詞》中就描寫了一部漂亮的小鞍車：

兩腳奔波黑汗流，敞車贏馬滿街頭。

飛沿後檔騾車裏，中坐梨園小部頭。

## 趕腳的

廟散人空日已斜，跨驢紅袖慢歸家。

葦塘路細偏爭走，馬上含情笑讓他。

這是清代詩人富蔡明義在《中頂竹枝詞》中寫的一首很俏麗的小詩。您看，太陽快要落山了，熱鬧的廟會也散了。女人們紛紛跨上小毛驢，在葦塘細細的小路上爭前恐後地疾走。騎著馬的男人們，一個個都面帶微笑地謙讓著她們……，儼然一幅嫵媚動人的風俗畫。

驢，在舊時代是一種絕佳的代步工具。有文化的、沒文化的、知名的、不知名的、有地位的、沒地位的，在交通不發達的時代，都跟毛驢兒打過交道。《三國演義》中諸葛亮的岳父曾「騎驢過小橋，獨歎梅花瘦」，唐代詩人孟浩然「踏雪尋梅」時，胯下的坐騎也是一頭小毛驢。明代的張果老習慣於「倒騎毛驢看唱本」，黃庭堅騎驢吟詩的瀟灑，被無數畫家繪入丹青……，細看張擇

端的《清明上河圖》，其中有驢數十匹，有馱運雜物的、有拉車運貨的、有飲水餵料的、更有馱人代步的。可知歷代市井中使用毛驢是很普及的。

專門用作代步的驢，都是被閹過、訓練過的，這樣的驢溫順、聽話，好使喚。平時，這種驢不幹別的活兒也不負重，怕它們亂了步子，使出毛病來。專門做這行生意的人，叫做趕腳的，也叫驢把式。這行人從小與驢打交道，他們瞭解自己毛驢的秉性，一般一歲口，能馱百八十斤重。給它配上鞍子，戴上嚼子就能上路掙錢去了。趕腳的要有個好身子骨兒，腿腳輕便麻利認路兒。十里八鄉盡在胸臆。凡驢走熟了路子可以讓其自行往來。驢把式也不用跟著往返了。

## 騎騾子

中國古代，騾子是非常珍貴的。漢初陸賈的《新語》就有「夫驢、騾、駱駝，犀象、玳瑁、琥珀、珊瑚、翠玉、珠玉，山生水藏，擇地而居」之說。是把它與驢、駱駝、犀牛、大象等中原不產之物和其他珍貴的東西相提並論的。足證，至少在漢代，人們對騾子的育生和使用還是很陌生的。騾子是馬和驢交

配產下的後代，公驢和母馬交配，生下的叫「馬騾」，公馬和母驢交配，生下的叫「驢騾」。騾子個頭大，具有驢的負重能力和抵抗能力，有馬的靈活性和奔跑能力，是一種很好役使的牲口。但是它不能繁殖生育。

騾子的適應性強，與馬相比，耐寒性稍差，但抗熱能力強於馬。騾子的體質結實，發病少。俗話說：「銅騾、鐵驢、紙糊的馬」，是指騾的體質強於馬。另外，騾子的役用性能強，騾可用於馱、挽、乘，尤其因其體短、腰結實、步法穩健、善走山路而更適於馱載。騾子生長發育快，成熟早，壽命長。而且吃飼料少。騾駒合群、膽大、機靈，善於馱運東西。所以，人們騎騾代步、負重馱物，覺得更方便省事。據說，清初大儒顧炎武以好學著稱。手不釋卷、出門的時候都要閱讀。總要有一匹騾子，兩匹馬馱著書跟在後面，以便隨時查問。騎騾子代步，用騾馬負書，也是一種妙用。

老北京有人家養騾營業，供人騎行或是馱運東西。騾背上有一個木製的鞍架。鞍架上可以搭筐裝物。也可以馱運糧食。架子前邊還可以坐上一個人，走起路來，四平八穩，是個很好的腳力。使慣了的騾子是很有靈性的，顧客付錢騎上，不用腳夫跟隨，就主動地馱著雇主和貨物，一溜煙地跑到一個固定的地方，便停蹄不動了。待雇主把東西解下來後，便自行返回原地去。

## 大車

大車是舊時北方城鄉最普遍的交通運輸工具。大車拉得多、跑得快、長短路途都適合。大車由車轅、車身、車尾三部分組成。若是拉煤或沙石等容易

散落的貨物時，還要裝上四塊廂板。這些都是用木材打製的，一些需要加固連接和安裝繩套的部位，都加裝鐵箍和鐵環。車輪和車軸早期也都是以木頭製作，比較常見的是「花軲轆車」。一般是由十五六根輻條，呈放射狀地連接到車輞，輞外加裝車瓦。車瓦上可以看到許多大頭的「蘑菇釘」。

在農村，大車的主要用途，除了春天往地裏送糞和秋天往家裏拉糧食、秸稈外，主要是外出「拉腳」、跑運輸賺錢。趕大車的馭手，稱為「車老闆子」、「車把式」。拴得起大車的主兒，不是地主就是富農。以有一套牲口的大車而論，無論是用騾子還是馬拉車，牲口代價就頗為可觀。如果大車是用膠輪，其價格亦非二三百元能置辦。因此，趕大車的都是財大氣粗的主兒。走到哪兒都橫著膀子，總是大聲他揚言：

「車軲轆一轉，大米白麵」。

鞭鞘頭兒一甩哷哷地響，大車上坐老闆兒娘。

生得那個俊俏就不用講，懷裏邊還抱著一個金包銀裏的小兒郎。

你要問這兒郎是哪一個，他就是拿甩鞭兒的大爺甩出來一位小爺白眼狼。

這是一段舊日車老闆人人都會開心唱的「二人轉」。一般的大車都是「兩掛」的，就是一個馬或騾駕轅。前面再有一個牲畜拉幫套叫「稍子」。好的車把式還得會保養和修理馬車。在農村人的眼裏，這些人都是有「能耐」的人物。

## 自行車

《清朝野史大觀》有一節文字記載：「黃履莊所製雙輪小車一輛，長三尺餘，可坐一人。不須推挽，能自行。行時，以手挽軸旁曲拐，則復行如初。隨住隨挽，日足行八十里。」如依此說：自行車的發明權似乎應該是中國人黃履莊先生。可惜，當時無人重視這項發明，使這種「雙輪小交通車」無疾而終。

1890 年，英國的亨伯公司經過多年的開發研製，設計生產出一種用鏈條傳動後輪，車身為菱形的自行車。騎起來既輕巧又方便，這種形式的自行車一直沿用到今天。

自行車傳進中國大約在 20 世紀初年，英國駐華公使作為禮品贈送給清室皇宮。因為宮內無人會騎，就一直閒置在坤寧宮中。據《我的前半生》記述，

溥儀愛騎自行車。他的第一輛自行車是他的伴讀溥佳贈送的結婚禮物。溥佳與溥儀是堂兄弟，為了贈送這輛自行車，溥佳被宮廷師傅陳寶琛訓斥了一頓。說是「不應該將這種危險之物進呈給皇上。摔壞了皇上如何了得。」

　　國民初期，最早使用自行車作為代步工具的是電報局和郵政局的職工。最早把自行車當作一項體育運動器械的，是燕京大學和北京育才中學的學生。民間購置用以代步的多是富家子弟和名門閨秀。包天笑在《上海竹枝詞》中寫道：

　　　香檳佳釀醉流霞，閒向天街踏月華。
　　　夜靜人稀歸去也，倩郎扶上自行車。

## 汽車

　　1886 年，德國曼海姆專利局批准卡爾·本茨研製成功的三輪汽車的專利。這一天被人們稱為現代汽車誕生日。不久，德國人哥德利普，戴姆勒製造成功了世界上第一輛四輪汽車。自此，汽車工業在歐洲有了巨大的發展。汽車製造

廠如雨後春筍般出現，汽車產量日增。從此，汽車以先進的機械性能逐步替代了其他的運輸工具。

　　1901 年，一位匈牙利人把兩輛汽車運進了熱鬧的上海。此舉在滬上掀起軒然大波，市人爭相觀看這種不用人力、畜力就能行走的「小房子」。把個洋涇浜擠了個水泄不通。最終，上海房地產大亨哈同一家成了這兩部車的主人，每日招搖過市，好不威風。

　　辛亥革命勝利的民國元年，汽車引進越來越多，增至 1400 輛。汽車須捐照會。據鄭逸梅先生說：其第一號為四明巨商周湘雲所得。那時西人主持的工部局把第一號視為奇貨可居。周湘雲志在必奪，故而花了一筆大錢購得。但是執有第一號汽車駕駛證的乃是哈同的司機。哈同想讓周湘雲讓出車牌，周湘雲堅決不肯。哈同揚言要搶。周湘雲就把車鎖進車庫不再開出。後來，上海綁票風猖狂，一號車牌過於招搖，所以，該車再也沒有在馬路上露面了。這也是一段關於汽車的舊聞。

## 火車

　　英國人理查德，特里維西克經過多年的探索研究，終於在 1804 年製造了一臺單汽缸和大飛輪的蒸汽機車。機車牽引五輛簡陋的車廂，以時速八公里的速度沿軌道行駛。這部車就是最早的火車。在此基礎上，又經過無數工程師的進一步的開發研製，四十年後的火車，已為社會各界認同，爭先恐後地使用起來。

　　1843 年上海開埠後，西方一些先進的器物也不斷被引入上海。清代末年，外國人藉口黃浦江泥淤積嚴重，運送貨物有所不便，要求修築一條從吳淞口到市中心的鐵路。1874 年，英美兩國商人合資開設了「吳淞道路公司」，買下了今河南路橋塊到吳淞一帶的田地，在未獲清政府批准的情況下修起了鐵路。

　　1876 年，一條全長 14 公里的窄軌的淞滬鐵路建成並正式通車。這是出現在我國土地上的第一條鐵路。國人從來沒有過鐵路，更沒見過火車。大家感到很新鮮都來觀看。那一天，車站盛況空前，像過節一樣熱鬧。能乘上火車一試風光的，除了洋人之外，多是上海縉紳大賈，政要名流。當火車進入商業運轉之時，火車的生意越來越好。第二年，淞滬鐵路乘客就已經超過了十五萬人次。

　　沒過兩年，慈禧太后在北海靜宜園內也修了一條小鐵路，也坐上了小火車風光起來。北京的南苑與永定門之間也修上了鐵路。《百二竹枝詞》中有詩：

　　　　一六森嚴兩鎮兵，分屯南苑衛神京。

　　　　往來南苑尤稱便，軍用火車已暢行。

## 賽龍舟

　　清人程兼善在《楓溪棹歌》中詠賽龍舟詩云：

　　　　鼓角聲中煥彩遊，浦江午日鬧龍舟。

　　　　紅兒綠女沿灘看，看客多登丹鳳樓。

　　賽龍舟是民間端午節的風俗之一，具有一定的競技性。相傳起源於古代的

楚國。當楚人得知賢臣屈原投江以後，許多人划船追趕拯救。他們爭先恐後地划槳，一直追至洞庭湖還不見蹤跡，此後，每年五月五日借划龍舟驅散江中之魚，以免魚兒吃掉屈原的身體。競渡之習，遂盛行於江南。

何謂龍舟？古越時代所用舟船都刻有龍的紋樣，這一形制一直保持到現在。船頭是龍頭形，船體畫龍鱗。其形制與普通船隻不同，大小不一，橈手人數也不一。每船少則二三十人，多則五六十人，賽時有鑼鼓、旗幟等裝飾。龍舟競渡以唐宋時為最盛。唐人張建封在《競渡歌》描寫了賽龍舟的熱烈場面：

> 五月五日天晴明，楊花繞江啼曉鶯。
> 兩岸羅衣撲鼻香，銀釵照日如霜刃。
> 鼓聲三下紅旗開，兩龍躍出浮水來。
> 棹影斡波飛萬劍，鼓聲劈浪鳴千雷。
> 鼓聲漸急標將近，兩龍望標且如瞬。
> 坡上人呼霹靂驚，竿頭彩掛虹霓暈。

## 放竹排

放竹排是南方山民的一項技術活。因為他們居住的地方遠離鄉鎮，為了把山中之竹運出山外進行交易。就趁著山溪漲水時，把山竹運出，到圩場裏賣錢。不是行家裏手還真幹不了這手活兒。

為了放排，頭年冬天就得著手準備。山民們挑揀山坡和河岸邊的竹子，

把它砍下來，放在河岸邊的空地裏。把每根竹子的竹兜用斧子打眼兒，再用藤條拴住夾緊。七根竹串成一疊排筏。做成後，把一支支排筏疊起來，等待來年春汛將竹排撐到大江裏。

蔡松平在《放排記》中寫道：「春天來了，人們眼巴巴地等天下雨。巴望河裏漲水。春夏之交時節，一陣狂風刮到，暴雨發瘋似的蓋天而來。河裏漲了半江水，人們高興了，手癢癢，可以放排了。隊長在村裏吆喝：今天男女勞動力全部去放排。男人每次撐三疊，女人兩疊，一天完成兩趟。一般七八里水程，走一趟要半天。可是小河窄，流速急迫，而且彎道又多。二十幾個人下河撐排！哪容易呢？人要相當靈敏，動作要迅捷。不然的話走不及，就會擋住後面人的去路。而且時間也緊，山溪水易漲易退，水退了就撐不動了。」

據放竹排的行家裏手說：「放竹排只需做到八個字，膽大心細，眼疾手快。河水悠悠處，只看前方，飄飄然也。遇急灘，只要掌握分寸，如墜雲霧，瞬間而下。在轉彎處，竹篙左右開弓，輕輕一點即溜。但也有危險的時候，如下坡坎，人要下來，讓排溜下，然後鉤住排再撐。特別是有橋的地方，要俯身彎腰。不然的話，會撞破腦袋。

## 沙船

清人程兼善在《楓溪棹歌》中有一首詩詠「沙船」：

慣駕沙船走北洋，船頭四望白茫茫。

得歸幸慶團團會，天后城隍遍爇香。

　　沙船是一種平底、方頭、方艄的海船。也是我國最古老的一種船型。

　　在唐宋時期，它已經成型，成為我國北方海區航行的主要海船。因其適於在水淺多沙灘的航道上航行。所以被命名為沙船，也叫做「防沙平底船」。這種船在江河湖海皆可航行，適航性特別強。寬、大、扁、淺是其最突出的特點。沙船的縱向結構採用「扁龍骨」，從而使縱向強度得到加強，橫向結構則是採用水密隔艙的工藝。這樣，沙船縱橫一體，抗沉性較好。同時，為提高抗沉性。沙船上還有裝有石塊的「太平籃」。當風浪大時，從船上適當位置放下竹籃，令其懸於水中，使船減少搖擺。

　　這種沙船的特點受潮水影響比較小，順風逆風都能航行。據說，李白當年早發白帝城的時候，乘坐的就是這種沙船：

　　　　朝辭白帝彩雲間，千里江陵一日還。

　　　　兩岸猿聲啼不住，輕舟已過萬重山。

　　有記載說，大的沙船一次可裝載五百噸左右的貨物。元代海運大船可裝一千二百噸。到了清道光年間，全國沙船已在萬艘以上。沿江沿海都有沙船蹤跡。

## 舢板

　　舢板是最常見的一種小船，有帶篷的，有不帶篷的。這種船的船體輕盈細長，堅固耐用，載物、載人均很實用。它是我國漁民的一大發明。

　　13世紀，當意大利人馬可·波羅來到中國時，看到這種漂亮的船甚為驚奇。他認為中國舢板的製造技術，在許多方面都遠遠領先於當時歐洲的造船技術。例如，舢板船的甲板下有木製的防水隔板。這些隔板將船體分成一系列的防水隔間，用來裝運貨物。如果船隻遭到破壞，這些隔間也能阻止海水漫入整個船體。舢板上的船舵比較大，懸於尾部下方能夠根據需要提升和下放，在淺水中將舵葉升起一點。船員使用短舵航行，而在深水中則將舵葉放下一點，便可長舵使船。

　　所有舢板都有一對畫在艏部的眼睛圖形，水手相信這些眼睛能給船隻帶來好運。舢板的艉部經常用紅色畫上一些傳統的圖案，這些傳統的圖案代表能帶來財富和平安。同時，還能起到辟邪的作用。舢板在南方俗稱「沙飛」。且有大小之分，它既可短途，亦可遠航。清人李百川在《綠野仙蹤》書中說：「適才過一大沙飛，乃戶部侍郎陳大經之船也。他船內有二十餘萬銀兩，並應用對象等，皆是刻薄害民所得。」這是寫的長江沙飛。在揚州一帶的河裏，也有各式各樣的沙飛船。據《紅樓夢補》描寫：林黛玉離開揚州時，乘坐的就是沙飛。

　　舊時，漁民有一句順口溜：「過了十月節，返風就是雪。」每年農曆十月過後，海上運力減少，船家便漸將舢板拉上岸來，用沙埋起，以防冬日被海裏的浮冰擠碎。待開春時，黏匠就開始修理舢板，以備起航使用。

# 帆船

王濬樓船下益州，金陵王氣黯然收。

千尋鐵鎖沉江底，一片降幡出石頭。

唐代大詩人劉禹錫的這首詩，寫出了晉朝王濬率領的水軍的強大。也寫出了彼時大帆船隊聲勢浩大的氣勢。兩軍還未交鋒，東吳已聞風喪膽矣！

帆船的發明，起源於古代的沿海河區域，是當時人們使用的水上交通工具。隨著時代的發展前進，帆船的製造越來越完美，規格也越來越大。15 世紀初，鄭和率領龐大的船隊七次出海，到達東南亞和非洲三十多個國家。他所駕駛的巨艦皆屬於帆船範疇。足知，當時我國造船技術發達的情況。

民初歷史學家鄭鶴聲先生在靜海寺牆壁上拓下的《靜海寺殘碑》碑文中記：「彼時官軍駕乘船隻中最大的是兩千料海船。」他說：「這種兩千料海船才是真正的下西洋旗艦。」這種大船的排水量有一千餘噸。明代人宋應星在《天工開物》中記載：「兩千料海船」應為六桅木的大帆船。

我國船工所駕駛的帆船都是「橫帆」，即橫向安置的方形帆。小船設置單帆和雙帆。大船則設置多帆。後來，受到阿拉伯人「獨桅三角帆船」的影響，我國帆船也增添了一些小型三角帆，用於輔助調節風向。但主要調節風向還是通過安置在船尾的舵來實現的。成語「見風使舵」這句話就包含著駕船的技術。傳統的大帆船一直承擔著遠洋運輸和南北漕運的任務，曾一度浩浩蕩蕩地運行在江河湖海之中。自從大清建國之後，懼於日本海盜的侵擾，施行了

閉關鎖國的海禁政策。使艨艟巨船全無用武之地。大船和製造大船的技術也就消亡了。

## 糧船

　　我國的京杭大運河是世界上里程最長、工程最大的運河。北起北京，南到餘杭，經河北、山東、江蘇、浙江四省，貫通海河、黃河、淮河、長江、錢塘江五大水系。全長 3400 里。對我國南北地區之間的經濟、文化發展起著巨大作用。歷史記載：春秋吳王夫差十年（前 486）揚州開鑿邗溝，以通江淮。到隋朝，隋煬帝楊廣為了到揚州看瓊花，開鑿京淮段至長江以南的運河。其實開運河主要的目的在於南糧北運，充實國庫。元朝定都北京，運河繼續向北開鑿，好把糧食從南方運到北方。從此南北交通貫通，藉漕運之利，富甲南北。

　　糧船，也叫漕運船。頻繁往來於運河之上，在相當長的歷史時期內，運糧船起著不可忽視的作用。北京作為金、元、明、清的帝都，彼時的糧食供應和財源收入，完全仰賴糧船從南方運來。就拿明代來說，每年用運糧船運達京通倉的米糧就達 370 萬石。元代詩人張翥曾有詩寫當年天津三岔河一帶的繁

榮：「一日糧船到直沽，吳閩越布滿街衢。」12 世紀以來，天津就因其「當河海之衝，為京畿之門戶的位置，成為江南漕運上達京畿的必經之路。《天津衛志》記載：「天津去神京二百餘里，當南北往來之要衝，南運數萬之漕，悉道經於此。舟楫之所咸臨，商賈之所萃集，五方之民所雜處。」

# 民國百業

## 叫貨

　　叫貨，指的估衣，也就是舊衣裳。在經濟不發達的時代，估衣行也是一項調劑民間日用生計的商業活動。清代崔旭在道光四年（1824）寫有《估衣街竹枝詞》一首，他寫道：

　　　　衣裳顛倒半非新，挈領提襟唱賣頻；

　　　　夏葛冬裝隨意買，不知初製是何人？

　　這首詩生動地描繪了清代估衣店的經營活動。其一，它所賣的衣裳多是七八成新的舊衣服，剛做好還沒穿的衣服賣到估衣行也得按估衣算，俗稱「下

了剪子為估衣」。因為當時各城市的當鋪很多，居民生活的變化既大又快，家中新制的各色鮮衣華服，轉瞬間就可能因為不合時尚或是經濟破產，隨即送進當鋪。其後往往又無錢去回贖，所當衣服即成為死當，這些半新不舊的衣裳的所有權就轉移到當鋪手中。

當鋪為了兌現錢，即按堆兒編號售出。成批收賣者多為估衣鋪，他們再把躉來的批貨，分出三六九等，拿到估衣街市上售賣。賣估衣的夥計要一對一的當場吆喝著賣。

在北京，賣估衣的買賣集中在前門外大柵欄、天橋和崇文門外花市一帶。在天津則集中在估衣街。清人李慈銘在《越縵堂日記》中描寫這條街：「廊舍整潔，幾及二里」，繁華絕似「吳之閶門」。足知它當年繁榮的風貌。估衣街上最多的是服裝店與綢緞莊，如謙祥益、敦慶隆、元隆、瑞蚨祥鴻記等，估衣鋪、估衣攤雜陳其間，行在鬧市間的行人可以在估衣攤上便宜地買件舊衣裳。此二景湊在一起，形成了一幅獨具特色的民俗風情畫。

## 修馬桶

《西京雜記》載，漢朝宮廷是用玉來製做「虎子」，由侍從太監捧著隨侍左右，以備皇上隨時方便。這種「虎子」就是俗稱的「便器」。便器為什麼叫「虎子」呢？據說，當年飛將軍李廣曾一箭射死一隻臥虎。他讓工匠把老虎的形狀雕刻在溺具上，表示對猛虎的一種蔑視。到了唐代，因為稱呼犯了皇親李虎的名諱，就將「虎子」改為「馬子」。傳到民間便稱為「馬桶」了。這一俗

稱，最早見著於宋歐陽修的《歸田錄二》中的「木馬子」一詞，也就是「木製的馬桶」。

直至民國初年，我國南方使用的馬桶，都是用桐油或上好的朱漆漆成。女兒出嫁時，娘家必送兩隻馬桶作為陪嫁，稱為「子孫桶」。但是，不管多麼結實的馬桶，用久了都會損壞。開了漆、裂了縫，屎尿就會流出來，污穢了地板，也就不能使用了。壞了就要修，修馬桶這一行就出現了。

這一行人屬於圓木作，他們挑著木板、籐條、膩子、油漆和工具，在里弄裏兜攬活計。一旦攬到了活兒，往臺階上一坐，就地就修了起來。他們幹活時，時常招來一些淘氣的孩子們在一旁圍觀起哄，孩子們拍著手唱道：「桶匠師傅不怕臭，抱著馬桶像娘舅。」

日前讀清人梁廷柟的《夷氛聞記》，上邊記有參贊大臣楊芳用馬桶抗英一事。他在廣東任上突發奇想，稱：洋人用炮打我必有邪術。而婦人用的馬桶污穢不堪，最能辟邪。遂傳令修馬桶的收集馬桶，將桶口指向洋人船艦，便可止住英軍火炮。大員尚如此愚腐，國事何當以堪。

## 賣洋布

洋布，又稱為匹頭洋貨。是在鴉片進口生意衰落後，日本和西歐出口中國最大宗的貨物。由於外國的紡織技術先進，加之外國航運業侵奪了長江及內河的航運權，大批廉價洋布像洪水一般向中國內地推銷。上海以及內地城鎮陸續開設了很多推銷洋布呢絨的洋布店。

　　最初，由於洋布的質量好，花色全，比國產土布好上許多倍，很受國人歡迎。洋布最初的價格並不便宜，被人視為「奇貨」，洋布讓洋商掙到了很多錢。於是，大宗的布料迅速運抵中國口岸市場。使得價格一降再降。但結果是很快贏得了大多數普通消費者購買。

　　民初的有識之士倡導國貨，發展中國民族紡織業，維護利權的浪潮風起雲湧。上世紀二十年代，首次爆發了全國性大規模的抵制洋貨運動。先是抵制美國貨，接著，因日本野二辰丸冶號走私軍火，又引起了全面抵制日貨的運動。國人的憤怒，一度使洋貨無人問津。各種洋貨都被憤怒的群眾擲上街頭，任憑踐踏、銷毀。青年學生還組織了「糾察隊」，強令各個商店把洋貨下架，不得售賣。大批從西洋、東洋進口的呢絨、布匹，都是抗議人群發洩的目標，從店鋪中清出，當眾焚毀。但有些資本家和布店的老闆，生怕虧本，便偷偷地把呢絨洋布低價賣給串街小販。小販用竹筐把洋布偷偷地擔到城外，或是偏僻的里弄之中，用低於土布的價格向行人悄悄地售賣。不少愛占小便宜的人見利忘義，偷偷摸摸地去做些地下交易。

## 女工

　　民國初年，上海在外國巨額資本的湧入和民營資本「實業救國」的影響下，各種工廠如雨後春筍般地建立了起來。大大小小的捲煙廠、紡織廠、繅絲廠、火柴廠、食品廠等，櫛比鱗次、成百上千。這類工廠對廉價勞動力的需要使無數家庭婦女走出廚房，進入工廠工作。

　　每日清晨，她們一個個行色匆匆地行進在工廠區的馬路上。據 20 年代出版的《上海工業之一覽》一書中記載：彼時從業女工已達二十二萬之多。其中，全上海紡織廠、螺絲廠的女工占全體工人的百分之 75。英美煙股份有限公司所屬上海煙廠中，女工人數占總人數的百分之 58.6，火柴廠的女工亦佔有絕對的優勢。在過去的宣傳中，出於政治原因，從來都講這些女工是在「拿摩溫」（女工頭）的監督下勞作，過著水深火熱的痛苦生活。工廠如同煉獄，女工如同犯人。工人每日離廠時還要在外國人的監視下，受到守門人的搜身檢查，甚至悔辱打罵。這種情況是有的，但亦有很大的誇張成分，有失偏頗。工廠對工人的剝削和壓迫是客觀存在的，但並非到了敲骨吸髓的程度。

　　根據上海檔案館資料統計：20 年代紗廠女工平均月工資為十四元，煙廠女工為十八元，湖絲女工上下班都包租人力車代步。在當時，這都是掙得多、很體面的工作。她們的薪金遠遠高於一般寫字樓的科員和巡警。而是與當時巡長的薪金一樣的。加之彼時物價十分低廉，據《上海解放前後物價資料彙編》一書披露：「1927 年上海豬肉 1 斤才 0.28 元。棉花 1 斤 0.48 元，煤炭 1 擔 0.14 元，細布 1 尺才 0.107 元。」相較之下，儘管女工的勞動強度較大，但一人的收入足以養活一大家人。

## 擦皮鞋

　　皮鞋在我國出現得很早。有文字描述的可溯至殷周時代，「鞋」字，「靴」字的偏旁部首從「革」，本就說明它是用皮革製成的。到了唐代，連女人都穿

上了皮鞋。《雲溪友議》中記有詩人崔涯的《嘲妓》詩寫道：

> 布袍皮襖火燒氈，紙補筐篋麻接弦。
>
> 更著一雙皮屐子，紇梯紇榻到門前。

這個女人所穿的皮鞋還「紇梯紇榻」帶著聲響，與今日硬底皮鞋一般無二。但是終因封建社會經濟不發達的制約，皮鞋一直沒有能普及起來。

鴉片戰爭之後，來華的洋人越來越多，西服：皮鞋的傳入，曾被冬烘先生們嘲為「禽獸衣冠」。但是，冷言冷語擋不住時代的進步，皮鞋也很快地推廣開來。民初的城里人以穿皮鞋為最大的時尚。足下的皮鞋亮不亮，幾乎成了有沒有錢、有沒有身份的表示。

穿皮鞋的人多了，擦皮鞋這一行也就時興起來。舊馬路的灰塵多，漂亮的皮鞋還沒穿上兩天，就蒙上一層污垢。因之，擦皮鞋的活兒還真是不少。幹這一行的用不了什麼本錢，左手提著一個小箱，內裝著鞋刷，黑、白、棕色的鞋油、增亮劑，右手提個小凳子，走街串巷吆喝著「刷皮鞋啦……」。遇到衣著講究一些的客人要擦皮鞋，放下凳子請客人端坐，就地就可以幹起活兒來。在民國時期，這一行也養活了不少窮人。

## 菜市場

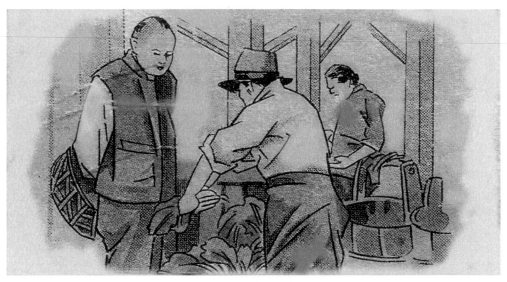

「鮮魚水菜，人見人愛」，吃菜是人類飲食之必需。賣魚賣菜也是自古有之的一個行業清人孫蘭蓀寫有多首《竹枝詞》吟詠此行。

> 肩挑擔子喊賣菜，碧綠冬菘滿籃載。

> 自古菜根滋味長，耐久咬嚼令人愛。

> 胡蔥滋味殊特別，絕無蔥臭肥而潔。

> 青者不如黃者佳，異於食菜去黃葉。

如此種種，寫盡小菜的風光。種小菜的多為城市周邊的菜農，他們摘下自種的各種蔬菜挑到城中販賣，集中一起，逐漸就形成了有規模的菜市場。光緒二十年（1900），上海工部局就在「三角地」搭建了一個頗有規模的室內菜市場，最為有名。後來，擴建成三層鋼筋混凝土結構的樓房，底層為蔬菜市場，二層為魚肉副產品市場及罐頭包裝食品櫃，三層規定為各種小吃點心店，在相當長的一段時裏，「三角地菜場」始終是上海佔地面積最大、經營品種最全、服務設施到位的室內菜市場。《滬江商業市景詞》有「西式大賣菜場」詩：

> 造成西式大樓房，聚作洋場賣菜場。

> 蔬果葷腥分位置，雙梯上下萬人忙。

作家林徽因在描寫虹口小菜場時寫道：「蔬菜的種類是最複雜的，只就蘿蔔一項說，就有紅的、黃的、白的、綠的、藍的、紫的等顏色不一的種類。葷腥同樣豐富，有雞、鴨、豬、牛、魚、羊，還有，雞、鴨等野味。豆製品不僅有中國的豆腐和百葉，還有用綠紙一塊塊包起的日本豆腐。菜場裏還多種經營，賣中國麵包、俄羅斯麵包……。」

## 行李伕

宋代詩人晁公溯有一首寫《行李》的詩：

> 路出蒼江上，雲生亂石間。中年幸強健，今日試躋攀。

> 湍碿寒鳴地，頹陽暮隱山。僕夫問行李，早晚遂束還。

不過，他寫的是古代挑送行囊的僕從。古代交通不方便，出一趟遠門，不僅自己要有個強健的身體，還得興師動眾，花錢雇人代負行李。本圖所繪的是民國期間火車站裏專門為乘客搬運行李的工人。自從我國客用鐵路一開通，車站裏就有了身穿制服，專為旅客搬運行李的行李伕了。

我國最早的一條鐵路是同治十三年（1874）由英商怡和洋行集資興建的「淞滬鐵路」。自上海蘇州河畔的河南北路直到長江口的吳淞鎮碼頭，全長五公里。當時的車站雖小，運輸量也有限，但依英國的鐵路管理規定，設有站長、副站長、技術主任、客務主任，運輸主任及工作人員、勤務人員計數十名。此外，還雇有多名專職行李伕。

車站裏的行李伕與站外的挑伕、腳伕不同，他們身穿統一的制服，拿固定的薪水，有固定的上下班時間，享受鐵路職工應有的福利待遇。只要幹好本職工作，不受歧視虐待。這切在當時來說，可真是個難得的「美差」。

## 小車伕

據說太平軍東進的時候，清廷命李鴻章掛帥帶兵清剿，李鴻章將他在安徽訓練的淮軍全部調入上海，來彈壓太平軍。當時的淮軍用了一種獨特的木製獨輪車，隨軍運輸糧草輜重，既快且好，很有效率。李鴻章曾得意地自詡，他用的是諸葛孔明先生的「木牛流馬」。時人贊之曰：

木牛流馬獨輪車，果與蜀輜差不多。

不是峰座彈指笑，迫得長毛步步縮。

戰爭結束後，這種獨輪車就被留在了上海，成為上海早期的主要運輸和代步的工具。當時上海把長江以北的地方叫做江北，這種獨輪車來自北方，因此這種車被上海人叫做「江北車」了。推這種獨輪小車搞運輸和接送行人的，人們叫他小車伕。

江北車是一種結構簡單的貨、客兩用車。它的輪子高，重心亦高，推起來要找平衡。推車的人不僅兩膀要有勁兒，還要有技術。如圖所繪，這種車既能載貨又能載人，載貨根據里程計價，載客以人數加里程計價。載人可以一邊坐三個，一共六人。載物可以推上四五百斤的米麵糧食。起步之前，車兩邊的分量一定要均勻。比如，左邊坐一個人，右邊也要坐一個人。要不就壓上百十來斤的東西，推起來才輕鬆一些。推車的人最初都是上海周邊的農人，他們在農閒出車，為的是掙些零錢貼補家用。後來，多為靠力氣吃飯的城市貧民來擔當了。為了維持社會治安，政府頒布了一則《手推車規章》，對這一行施行了規範化管理，明確規定載人只限4名，載物的重量不得超過六百磅，違者重罰。

## 搦車

搦車在南方叫黃魚車，北方則稱排子車，是一種木製的大車，與北京常見的畜力大車的構造和樣式大體相同，車轅的寬度適合人的雙臂。早先是木輪，外邊包著鐵皮，嵌有鐵帽釘。這種車既可以推著走，也可以拉著走，還可以多人合作，又推又拉，走起來雖然吱吱作響，但頗可負重，是一種慣用的運輸工具。上世紀三十年代，這種車的車軸開始安裝軸承，輪子也改為膠皮輪，承載重物就更加輕鬆了。於是，這種車就又改稱為「膠皮車」了。

搦車諢名叫「頂硬上」。此語出自舊社會的搬運工人一唱著一支號子：

嗨呀嗨喲，頂硬上囉，

鬼叫你窮啊，沒有錢吶。

沒有錢吶，就玩命啊！

要玩命啊，頂硬上囉！

「頂硬上」是生活在貧困線下的搬運工人，不拼死拼活出賣勞動力，哪有第二條生路哪！他們說自己是野幹的牛馬活，喝的對時湯（隔夜的剩湯），蓋的金絲被（麻袋草席），睡的有邊床（光板兒擱），累了往上一躺一靠就是一覺。

拉板車載貨，風吹日曬無所懼，最怕就是上橋或下橋。體力不支者是難以支持的，每天被汗水濕透的衣服發散著惡臭，令路人側目不忍。這是在賺血汗錢來吃飯養家。

## 馬伕

對於普通馬伕來說，最重要的工作是養馬、趕馬車。馬車是人類在汽車發明之前最重要的交通工具。控制這個交通工具的就是馬伕。

馬伕為了使馬匹能馴服地拉車，通常是一「哄」二「嚇」，加以適當的強制手段來駕馭它。「哄」，就是要把馬喂好，喂時飼料要有粗有糙、有精有細，各色食料一定要喂足。晚間還要加上一頓草料，保證它的營養。常言說：「馬無夜草不肥嘛！必要時，還要加上一些麩皮、食鹽、紅糖水，按比例倒進槽內攪拌均勻，則是馬最愛吃的最上等美餐。給馬飲水，也是件細心的活兒。馬兒跑了長路，或是天氣過熱，一定不要飲以冷水，不能讓馬暴食暴飲，防它過勞

生病。平時還要遛馬，給馬刷洗、淋浴。給馬梳理鬃毛，更重要的是給馬定期換掌，猶如給人穿鞋一般。要重新按時按需給馬釘掌，才能保證它的腳力。此外，清理馬廄，搞好馬廄的衛生，也是必不可少的工作。

「嚇」，也是馴馬的一種必不可少的方式。用馬鞭驚嚇或鞭打馬，要掌握好一定的尺度。馬會更聽從人的指揮，關鍵時打上兩鞭，馬會更加使勁，更加馴服聽話。但不可過分鞭打，施之不當，馬會受驚狂奔，無法駕馭。一旦失控，會導致車毀人亡。

## 船姑娘

舊日的舞臺上有一齣以小旦、小丑為主的笑戲，叫做《蕩湖船》，描寫一位布商游西湖，乘坐一隻西湖船娘划的小船。在湖上遊山玩水，好不風光。引得岸上看熱鬧的閒人癡望，以至被人偷去了錢包、懷錶和衣物、自己都全然不知。由於劇中有許多調笑不雅的表演，光緒年間，上海太守在查處「淫戲」時，《蕩湖船》就被列入禁演之列。公佈於老《申報》上。後來，這齣戲時開時禁，時演時不演。在「調笑」與「誨淫」的界定問題上，一直糾纏不休。歷

史上西湖船娘一直被認定是一個行業，她是在西湖水面上充當導遊、伴遊的一種角色。這一行素有「一葉扁舟浮水面，一位船娘伴遊湖」之稱。

西湖船娘生得漂亮，話語溫柔，而且還都會彈唱小曲和民間小調。不少蘇杭女子操持此業，賺取錢鈔。當年，時年三十二歲的郁達夫曾到西湖遊玩，他見到了那裡的湖光山色，心情豁達爽朗，他在著名的遊記《揚州舊夢寄語堂》中，有這樣一段關於船娘的文字：「還有船娘的姿勢也很優美遙用以撐船的，是一根竹竿。使勁一撐，竹竿一彎，同時身體靠上去著力，臀部腰部的曲線和竹竿的線條配合得異常勻稱，異常複雜。若當暮雨瀟瀟的春日，雇一容顏姣好的船娘，攜酒與菜，來瘦西湖上游半日，倒也是一種賞心的樂事。」

從清代開始，船娘的形象便在文人筆下反覆出現。船娘的名聲是江南文化中一道不可替代的風景。這名聲中透出一絲甜媚和浪漫，給江南的山水樓臺抹上了一層淡淡的薔薇色。民國政府對這一行多次明令取締，使其風氣有所改善。

## 郵遞員

世界上最早的郵遞員被稱為信使或郵差，出現在 19 世紀初期的英國。那時還沒有發明郵票，也沒有設置郵筒。郵遞員是上街收集信件的。他們頭戴禮帽，身穿鮮豔的紅色外衣，搖動手中的小銅鈴。人們一聽到清脆的鈴聲，便拿著信件和郵資從四方八面趕來，交到郵遞員手裏。

　　1863 年以前的郵遞員並不把信直接送到收信人手中，而是由收信人自己到郵局中領取。免費送信到家是美國郵政局的發明。從 1863 年 7 月 1 日開始施行。當時，真是一件很新奇的事件。美國 1963 年發行了一套「城市免費送信到家 100 週年」紀念郵票，由畫家諾曼窯洛克韋爾畫了一幅小孩和一隻狗，一直跟著一位打傘的郵遞員奔跑的畫面，生動表現了郵遞員工作的辛苦和人們對送信到家的新奇。

　　在各國郵政開辦之初，郵遞員都是步行送信的。他們風裏來雨裏去，行走在荒村野店之間，萬分辛苦。隨著時代的發展，後來郵遞員送信有了各種各樣的交通工具，譬如騎馬的、騎驢的、騎駱駝的，在熱帶地區還有騎大象的。

　　1878 年，清政府在北京、天津、上海、煙臺和營口設立了郵政機構，由大清海關轄屬。海關負責人要求郵遞員的待遇和編制，全部依照英國制度貫徹。郵遞員統一著裝，享有勞保，領取年薪和獎金。在當時人們的眼中，郵遞員真是一份很了不起的工作。

## 接線生

　　科學家貝爾有一個大膽的設想，如果能使電流強度的變化模擬聲波的變化，那麼，用電傳送語言不就能實現了嗎？他這個思想，後來成了貝爾設計電話的理論基礎。但是，貝爾與他的助手沃特森，經過無數次的試驗都失敗了。有一天，貝爾正在鎖眉沉思時，隱隱傳來一陣「吉他」的曲調。他側耳凝神，聽著聽著豁然醒悟。原來，他們的送受話器靈敏度太低，所以聲音微弱，難以辨別。「吉他」的共鳴啟發了聰明的年輕人。貝爾馬上設計了一個助音箱的草圖，一時找不到材料，就把床板拆了下來。連夜趕製，接著又改裝機器，一切準備就緒後，貝爾在實驗室裏將門關閉。沃特森在隔著幾個房間的另一端，貝爾對著送話器呼喚起來。「聽見了嗎？沃特森」。沃特森喜不自禁地急呼貝爾！「我聽見了！聽見了！」這時，兩人欣喜若狂地向對方奔走，熱淚盈眶，互相擁抱起來。兩個敢作敢為的青年克服重重困難，終於把電話變成了現實。經過改良製成了世界上第一臺可供實用的電話機。又過兩年（1878），貝爾在波士頓和紐約間進行了首次長途電話通話成功。

　　中國開始有電話是在光緒七年（1881 年），上海英商瑞記洋行在上海租界

內率先開辦了華洋德律風公司，架起了市內的第一條電話線路。第一批用戶只有八十門，都是租界裏的洋人。接線生是華洋德律風公司雇用的兩名英國女子，是泰塔夫人和蘇珊小姐。當公共電話開通以後，中國女孩就當上了接線生。

## 電報員

1843 年，塞繆爾・莫爾斯用國會贊助的 3 萬美元建起了從華盛頓到巴爾的摩之間長達 64 公里的電報線路。翌年 5 月，他在華盛頓國會大廈最高法院會議廳裏，用自己發明的電報機向巴爾的摩發送了世界上第一封電報。從此，速遞信息的電報業誕生了。清道光年間，丹麥大北電報公司在上海成立，並投資敷設了一條上海至香港的電報海線，且於 1872 年，首次用莫爾斯字碼通報。這就是中國最早的電報。

我國未有電報線之前，英國倫敦的電報須待三個星期才能到達上海，它由西伯利亞和蒙古交界處的電報站接收後，再由驛差夜以繼日分段運至北京。然後再用輪船送到上海。洋人為了加速信息的傳遞，特設了一條從上海到揚

子江的電線。但是，彼時江浙地方上的排洋情緒十分嚴重，人們稱之為「通妖之線」，一度被農民一舉拆毀。後經幾度周折，才得到政府批准，並准許在租界地內架豎電杆。其時正值歐洲經濟蕭條，我國商人借助電報提供的信息進行貿易，獲得數百萬兩銀子的巨利。自此電報才得到了人們的重視和歡迎。

但是電報公司的經營和技術都掌握在洋人的手裏，它為歐洲列強瓜分中國起了巨大作用。中國人為了自強，把先進技術把握到自己手裏，1880 年，李鴻章於天津設立了電報總局，開始收發公私電報。中國的商人和平民百姓也得以享受這一快捷的服務。送電報作為一個專門的職業，也由此誕生了。民初送電報的穿有統一標誌的制服，配有先進快捷自行車，施行二十四小時輪流值班制，隨時來電報，隨時送出，是個十分講效率的工作。

## 女廣播員

1923 年 1 月 23 日，在華經營電訊業務的美國商人奧斯邦與英文《大陸報》聯合創辦的廣播電臺，在上海正式開播。一聲輕柔的「您好」，揭開了中國女子播音的歷史。這座設在中國境內的第一家廣播電臺，呼號 XRO，發射

功率五十瓦。每晚僅播音一小時。內容有國內外新聞和上海時事，並且廣播了孫中山先生的《和平統一宣言》，一時震驚滬上。連孫中山先生也歎為「真是可驚可喜之事」。

當年電臺播出最多的節目是卡爾登和理查爵士樂隊演奏的爵士樂，悠揚的薩克斯管迷醉了上海的夜空。為了推銷收音機，該臺還舉辦了無線電使用常識講座。這一切均有女性播音員直接參與。

1927 年，上海出現華商民辦的廣播電臺，南京路上著名的新新公司在六樓屋頂上建成了第一座中國人自建的電臺，電臺四壁別出心裁地選用玻璃裝飾。顧客可以一邊購物、逛商場，一邊清晰地看到電臺的播音實況。

唐霞輝小姐是我國早期播音員和廣播節目主持人之一。她每晚主持播音兩小時，節目中除播廣告外，還穿插了新聞、故事，或請演員唱滬劇、越劇，並回答聽眾來信。唐霞輝從此有了「上海之鶯」的美譽。職業能改變人生，一個女孩成為了播音員意味著她的面前展開了一個新的世界。豐厚的收入，改變了她們的生活。她們開始打扮，買新衣、燙頭髮。由於電臺節目內容多樣化，女播音員分工各不相同。張愛玲的姑姑張茂淵就曾經在無線電臺播音，播送新聞，誦讀社論，在社會上頗具影響。隨著廣播事業的發展，這一行逐漸形成了一支不可忽視的隊伍。

## 打字員

世界上最早的打字機誕生於 1808 年，它是由意大利人佩萊里尼・圖里發明的。當時他發明打字機的動機是為了幫助自己的一位雙目失明的女朋友進行寫作。

首次投入商品化生產的英文打字機，是由丹麥哥本哈根的尤爾根斯機械公司出品的。該機器的發明人名叫馬林・漢森的神父。此後，有很多人致力於打字機的發明與改進。其中以美國人肖爾斯的打字機最為完美。它的文字盤和今天的打字機基本一樣，而且設計了自動移位的裝置，打出來的字也很清晰。

民國初年，打字機傳入中國。先是在外國公使館、公司、銀行、洋行使用，後來，由於涉外文牘日繁和民族資本的興起，招商局、涉外公署、華商公司也都開始使用打字機。因為女性做事認真，心細、十指纖纖，最適合打字工作。因之，知識女性很快就介入了這一行當。目前有文字可考的，是上海先

施公司落成之時，曾公開登報招收女打字員。足證，打字員這一行在彼時業已形成。

　　梁實秋先生第一次接觸到打字機時，對這一靈巧的機器產生了濃厚的興趣。他在寫作之餘，就致力於中文打字機的研究，並且在這方面投入了不少資金，聘請技術人員共同開發這一項目。不過，一直也沒有重大的突破。漢語利用簡單的裝置打印文章幾乎是不可能的。如果設計一個有幾千字的大鍵盤進行操作，這一點很難做到的。

## 女教員

　　封建時代講男尊女卑，「女子無才便是德」婦女得不到和男子相同受教育機會，只有少數例外者因種種機緣而成為德才兼備的學者和師表。

　　我國歷史上第一個收徒授業的女教師是東漢的班昭。班昭的父親班彪和兄長班固畢生致力於整理西漢歷史，但都中道而卒。班昭繼承了父兄遺志，最終完成了《漢書》。漢和帝多次召她入宮，令皇后、諸貴人師事，賜號「大家

爺」。南北朝時，前秦的國君苻堅興辦學校，設置博士教授儒學經典。但是《周禮》尚缺教席。苻堅特請太常官韋逞的母親宋氏執教。選送學生 120 人，隨宋氏「隔絳幃而授業」。宋氏便成為我國古代第一位政府官學的女教師。後代歷史上，就再也見不到女教師的身影了。

　　清末維新運動提倡開辦女子學堂，使女子與男人一樣享受受教肓的權利。1891 年，宋恕在《變通篇》文中就提出「男女六歲至十二歲皆須入學，不者罰其父母」。後來，鄭觀應、陳熾等人也都積極呼籲「女子入塾讀書」的主張。梁啟超「倡設女學堂」，在當時都起到了振聾發聵的作用，開拓了時代的新風氣。民國初年，官辦的「京師女子師範學堂」，及「民辦的上海務本女學」「競仁女子師範學堂」「寧垣女師範學堂」相繼成立。女子師範教育既是傳統女學在新世紀的斷裂，又是傳統女學在新式學堂中的綿延。十餘年間，先後為近代國民教育培養了一大批女教師。這些女教師進入社會之時，正是國民革命成功之日。她們在新的學校中傳道授業，為國家培養出無數新的人才。

## 女作家

　　《紅樓夢》中的薛寶釵對林黛玉說：「針線活兒才是你我的本業」。言外之意，讀書、做詩、仕途經濟都是男人們的事情。她的這一觀點，也正是封建社會的普遍看法。「女子無才便是德」，「五四」運動以後，有一大批女作家逆勢而上，登上文壇，出版了大量優秀作品，造就近代文壇的一道亮麗的風景。

　　陳衡哲、白薇、冰心、盧隱、馮沅君、凌叔華、蘇雪林等在內的第一代女作家群，首次以獨立女性的身份登上文壇。在舊的文學傳統被顛覆而新的規則尚未形成的空白地帶，佔有了一個話語主體位置，並發出女性真實的聲音。她們努力衝破男權傳統的束縛，開始書寫真正的女性歷史。始終是「五四」女作家們共同努力的方向。她們在先進思想的激勵下，迎著時代潮流，為女性的個性解放、人格獨立，踏上了與傳統家庭倫理道德的抗爭之路，成為一代先鋒。

　　其中，陳衡哲是中國第一位白話文小說家，公派女留學生、女博士。1920年應北大校長蔡元培之邀回國，先後在北大、川大、東南大學任教授。她創作的白話短篇小說《一日》《小雨點》等，都是新文學優秀的代表作。30年代

初，上海《良友》雜誌有一期評選新女性，青年女作家丁玲赫然上榜，她與宋美齡、何香凝等大家齊名，是文壇上一顆耀眼的新星。女作家一時成為輿論關注的熱點。

## 賣聖經

西方的基督教從唐朝時期就已經傳入我國，而今西安碑林中有一塊唐代的「大秦景教碑」上面篆刻著基督教在中國傳播的行跡，可以證實當時華夏與外域文化交流歷史的久遠。

其後的千百年間，基督教在中國的影響時隱時現。例如，元代馬可波羅的遊歷，明代利瑪竇來華，清代太平天國、義和團運動等重大的歷史事件中，都能看到基督教在華的身影。但是，真的使基督教在中國紮下根基並且得到廣泛傳播，應該說還是在民國初年這一歷史階段。這一時期在華的西方傳教士已有萬人之眾，有系統地分布於我國各大城鎮和農村。他們建教堂，傳福音、辦醫院、辦學校，發展很快。彼時基督教的信徒在城鎮鄉村已發展有萬人之眾。

　　《聖經》又稱《新舊約全書》它是基督教教義和神學的根本依據。內容主要包括歷史、傳奇、律法、詩歌、論述、書函等。基督教傳教士稱這些書為正典聖書，具有神的啟示和旨意。《聖經》也是一部包羅萬象的百科全書。彼時，各個教堂都有衣著齊整的「為上帝工作」的信徒，他們手捧《聖經》在推銷發售。宋美齡的父親宋嘉樹，就是以美以美教會牧師身份，在中國刊印和發售漢語《聖經》而建樹起令人敬重的威望。

## 書報攤

　　舊社會的都市中擺書攤賣書的很多，例如，老北京的廠甸、上海的城隍廟、南京夫子廟的街道上，幾乎全是書攤。大書攤也都是用木板搭成貨臺臨時營業。小書攤有的則是落地的。學者、教授、教員，學生們都愛逛書攤。挑選自己喜好的讀物。這種風氣流傳很久了，清孔尚任有《慈仁廟尋王士禎》一詩寫道：

　　　　彈鋏歸來抱膝吟，侯門今似海門深。
　　　　御車掃徑皆多事，只向慈仁廟尋。

句下自注道：「漁洋龍門高峻，人不易見，每於慈仁廟寺購書，乃得一瞻顏色。」這個故事傳作藝林佳話，風氣綿綿未絕。康熙年間，王士禎官至刑部尚書，入值宮中南書房。但他仍未改文人本色，常到報國寺來逛書市。要想見他就到慈仁寺來吧。

戊戌變法以後，文人辦報之風日盛。《國風報》《國聞報》《群言報》《遊戲報》《申報》《新聞報》等等，五花八門如雨後春筍一般，紛紛登場。一些民辦期刊，也競相出現。一開始這些報紙都是放在書攤上銷售。到了 20 世紀初，在北京、上海等大城市的街頭，專門售書報的攤檔便從書攤上脫穎而出。花花綠綠的報紙、雜誌都擺在書報攤上，儘管當時的種類還不多，銷量也不大。但它意味著一個全新的買讀方式的開始。

除了串街賣報的一行之外，在固定地點擺攤賣報也算是新的一行，營業方式有躉售，也有代售或寄售。《廠甸正月竹枝詞》中有這麼一首寫道：

火神廟接呂祖祠，購買書報歸去遲。

價比坊中平日貴，兩人笑向說便宜。

## 小人書攤

小人書又叫「連環畫」，是一種用連環圖畫形式，連續描述故事的圖書。因為活潑生動、直觀易懂，頗受兒童和不識字的勞動階層喜愛。「小人書」誕生於 1927 年。上海世界書局率先出版了五部，由畫家陳丹旭等人繪製的《岳飛

傳》《三國演義》等。書名冠以「連環圖畫」。從此開了「小人書」的先河。

　　「連環圖畫」問世以後，備受社會歡迎。第一版當日全部售罄。出版商連續加印了數十版之多，不僅孩子們愛看，不識字的勞苦大眾、引車賣漿流也都把「小人書」當成一種消遣物。因為有市場，有需求，有銷路，不少畫家和書商覺得有利可圖，就開始大量地繪製印行。不到一年，便出現了「小人書」風行於世的局面。

　　魯迅先生對連環圖畫給予了很高的評價。他特意著文稱道：「這種大眾文化的新的形式，證明了連環圖畫不但可以成為藝術，並且已經坐在那藝術之宮的裏面了。至於這也和其他的文藝一樣，要有好的內容和技術，那是不消說得的」。在兒童讀物少得可憐的時代，租賃「小人書」的書攤也開始風靡全國。業者花不了多少錢，購上百十種「小人書」擺到書架上，往路邊一立，再放上幾個小凳子就可以開張了。精忠報國的岳飛，血染金沙的楊家將，飛天遁地的孫猴子，多愁善感的林妹妹，化身蝴蝶的祝英臺，哭倒長城的孟姜女。《包公案》《施公案》《三俠五義》《七劍十三俠》這些內容的「小人書」都是引人矚目的題材。通常一個書攤擺有二三個書架，碼上層層疊疊的「小人物」，這種生意還是很興隆的。

## 新聞記者

　　中國古人如何解釋「新聞」二字呢？《舊唐書》孫處玄有言：「恨天下無書以廣新聞」。宋代的蘇軾在《次韻高要劉湜峽山寺見寄》一詩中有句：「新聞

妙無多，舊學閒可束。」二者所指的均不是報上消息，而是指新近的見聞。曹雪芹在《紅樓夢》中，多次使用新聞一詞，如冷子興講述賈寶玉含玉而生後，發問道：「你道是新聞不都是這個」，因為，那個時代還沒有報紙。

英國倫敦不列顛圖書館收藏有一份《敦煌邸報》，發行於唐僖宗光啟三年（887），應該是我國最古老的一張報紙。就近代而言，《蜜蜂華報》創刊於 1822 年 9 月，是中國境內的第一份外文報紙。1872 年 4 月英國人美查在上海創辦了《申報》，則是近代中國影響最大的一份華文報紙。其後，《遊戲報》《消閒報》《萃報》相繼問世。報刊發行在我國湧現出一股高潮。近代的報紙就有了記者這一行。就《申報》而言，報館設有記者部，有專職記者多人負責新聞採訪。報社還在全國各大城市聘有兼職訪員，來探訪外埠要聞。寫成報導文字，郵遞回報社，由報社編輯刊用。遇有緊急新聞便用電報的形式發回報社。這樣就大大地增加了報刊的時效性。

《申報》在日本侵犯中國臺灣和中法戰爭等重事件時期，還率先派出了自己的隨軍記者深入戰爭前線採編新聞，隨時報導前方戰事，使讀者在第一時間內就能讀到千里之外的消息。這樣一來，讀者爭先購買閱讀，報紙的發行數量倍增。記者的工作為報紙開拓了無限的生命力，給時代、給社會、給人民都帶來無限的春意。使記者這一行成了報紙的靈魂和社會的「無冕之王」。

## 賣號外

何為「號外」，《辭海》的解釋是「定期出版的報刊」，在前一期已出版，後一期尚未出版的一段時間內，對發生的重大新聞和特殊事件，報社為迅速及時地向讀者報導而臨時編印的報刊。因不列入原有的編號，故名「號外」。例如民國初期任雲南省省長的周鍾岳，在 1911 年九月初一的《日記》中寫道：「午後至上海，在京聞武漢失守，市面雖震擾，而學界人多有喜色。至滬後，聞某處、某處失守之信。各報館時出一粉牌或賣號外，望平街為之塞滯不通。得一信則人人歡迎，賣號外的紛紛叫喊，足以令人膽戰心驚。」他寫的就是當年時常出現的這種情況。

彼時的號外印有重大消息，喜訊、特大新聞、特刊等字樣，是免費贈送。賣報人以為有利可圖，領得號外撒腿就跑。一路喊著發賣。路人求知心切，往往還要多給些小費，到也頗有收穫。

民國之際，一批社會底層的平民、貧苦人家的兒童紛紛加入了賣報這一

行列。在太陽剛剛出來的時候，他們從報館批出報紙，爭先恐後地送向茶館、集市或市井人家。邊喊邊跑，向路上行人兜售。民國作曲家安娥和聶耳曾做有一首著名的《賣報歌》，一時唱徹平、津、滬上的大街小巷：

啦啦啦，啦啦啦，我是賣報的小行家。

不等天明去等派報，一面走，一面叫：今天的新聞真正好，

七個銅板就買兩份報。大風大雨裏滿街跑，走不好，滑一跤，

滿身的泥水惹人笑，飢餓寒冷只有我知道。

## 賣饅首

《金瓶梅詞話》第一回《西門慶義結十兄弟》中寫道：「武大郎無甚生意，終日挑著擔子出街上，賣炊餅度日。」無疑，賣炊餅是武大郎賴以為生的職業。他所賣的炊餅是用籠屜蒸出來的，而不是用鐺烙或爐子烤出來的。

明人王三聘《古今事物考》中講到：「凡以麵為食具者，皆謂之餅。故火燒而食者，呼為燒餅；水煮而食者，呼之湯餅；籠蒸而食者，呼為蒸餅；而饅頭謂之籠餅是也。」以此說，武大郎賣的也就是今日俗稱的饅首和蒸餅。

　　蘇東坡也愛吃饅首，有時自己還捨不得吃，把筍餅、饅首送給自己的好朋友共享。為此事，他曾得意地寫道：

　　　　天下風流流筍餅，人間齊楚簞饅頭；

　　　　事需莫與繆漢吃，送與麻田吳遠遊。

　　饅頭、蒸餅是舊日饅頭鋪的兩個主要產品，此外還帶賣花卷兒、棗兒餅等等。幹這一行的多是山東人，他們對製作麵食有著獨到的方法，比如用肥、醒麵、揉麵、餳麵、做劑子，自有與眾不同的地方。蒸出來的麵食喧騰、筋道、入口生香，越嚼越有滋味。饅頭鋪臨街處是一個大條案，案邊兒放著兩個大簸箕，簸箕裏裝著剛出屜的熱饅頭、熱蒸餅，上邊苫著一床白棉被。生、熟都在一個案子上，為的是一邊幹活兒一邊賣貨，順手方便。身邊有大屜數層，夥計隨做劑子隨上屜，蒸出來的饅頭、發麵餅又白又亮，極是可人。

## 炸油條

　　炸油條，外焦裏嫩，香酥適口，是平民老百姓最愛吃的早點之一。清晨的街道上，在任何一間早點鋪中都能買到它。

　　油條好吃，炸製起來要有一定的技巧。小販在頭天晚上就要把麵和好。炸油條的麵與一般的不同，要先將礬、堿、鹽按比例兌好，碾碎放入盆內，加入溫水攪拌溶化成乳狀液，待其生出大量泡沫，加入麵粉攪拌成雪花糊狀，反覆揣揉，使其成為光滑柔軟的麵團，用溫布或棉被蓋好，醒上半個時辰，再揣，再醒，如此多次反覆，使麵團產生氣體，形成孔洞，外表變得光滑柔順。

炸製前，先在案板上抹油，把麵團放在案板上拉成長條，用小麵杖擀薄，用刀剁成小長條，兩條摞在一起，雙手輕捏兩頭，旋轉後拉成八寸長條，放入八成熱的油鍋中，邊炸邊翻動，使坯條鼓起來，豐滿膨脹酥脆，呈金黃色時，即可撈出來食用了。

仉即吾先生在其撰寫的《一歲貨聲補》中記載了炸油條的叫賣聲：

　　吃粥咧，油炸果咧──，十里香，粥熱的咧──，

　　炸了一個焦咧，烹了一個脆咧，

　　焦咧，像一個小糧船咧。好大的個咧，

　　油炸的果咧，油又香，麵又高，放在鍋裏漂起來咧，

　　白又胖咧，胖又白咧，賽過燒鵝咧，一個大的，油炸的果咧。

炸製油條看似簡單，其原理卻十分深奧，連近代化學家都搞不清楚其中複雜的化學反應。足見，最早發明炸油條的人是多麼地了不起。只可惜，在我國浩瀚的歷史文獻中，對這一行竟無一字記載。

## 大雷拉戲

大雷拉戲，是民初出現的一種新的曲藝形式，這種琴的構造十分獨特，筒子大，把兒長，拉起來可以模仿各種聲音。可以學公雞打鳴，還可以學狗叫，還能模仿人的聲音，學說書、學相聲、學各種繞口令。最讓人吃驚的是學留聲機、唱京劇，在胡琴的伴奏下，余叔岩、馬連良、梅蘭芳、李多奎，那真是惟

妙惟肖。雖說字眼兒並不清楚，但其聲調、神韻，足以令人歎為觀止。所以，當年在「雜耍」園子裏，大雷拉戲一登場，也能拴上一堂座兒。

據有關資料記載，清光緒中期的瞽目藝人王玉峰，在天津用一種外觀與三弦相近似的樂器，模擬戲曲舞臺上不同行當、不同角色的唱和念，以及胡琴過門、鑼鼓伴奏。一個人用這樣一種樂器演奏形式，表現成本大套的戲曲，時人稱之為拉三弦。他的弟子王殿玉把琴進行了一番改造，起名「雷胡」，它較墜胡音量大、音域也寬、音色也美。拉起來，聲音特別打遠兒。

而今，北京、上海的舞臺上，此藝早已絕跡。目前，天津還有一位宋東安老先生會拉雷琴。偶而登臺獻技，拉上一段《武家坡》、《文昭關》，老生學楊寶森，旦角學程硯秋，還真是不錯。他最拿手的是老生、花臉、青衣對口「啃」的《二進宮》，一把琴把生、旦、淨全都學出來，真稱得上哀梨並剪、技藝雙絕。可惜，現實是嚴峻的，大雷拉戲很好聽，可就是沒有接班人。

## 飲冰室

北京這個地方是夏熱冬寒，四季分明，那真是「熱時節，好似蒸籠裏臥，冷時節，好似冰凌上坐」。酷暑時節，天上烈日荼毒，人們熱得無處躲藏。猛然間有人吆喝「賣冰嘍──」，會令人何等地歡愉啊！

民國初年，賣冰也是一行生意。販冰的人都是城市裏的貧民，每到盛夏，他們便拉著一輛破架子車或平板車，用一些小小的本錢，到什剎海或北海的冰窖裏躉來一方方的天然冰塊，推到市井中叫賣。買冰的也均是城裏普通的平

民百姓。那時家家沒有冰箱、電扇，為了消暑，家境富裕一些的買塊大冰，放在大木桶裏散散熱遙。冰上還可以鎮鎮西瓜、蘋果、梨桃之類，供全家飯後享用。窮苦的人則買些小塊的冰，敲得粉碎，撒上些糖當冰淇淋，給孩子們甜甜嘴。清人何芬有《燕臺竹枝詞》寫道：

> 滿市敲冰似斷金，蟲蟲暑氣變陰森；
>
> 熱衷到此都如炙，些子清涼沁客心。

　　為了解決北京夏日的炎熱，清軍入關之後懷柔漢人，特別制訂有皇家捨冰的制度。每年的夏季三伏，由皇家出資在北京幾個商賈雲聚，行人熙攘的重要街道高搭席棚，向平捨冰。梁啟超把書房取名「飲冰室」的意思，就是吃冰。後來，許多城市開設了飲冰室。飲冰室是吃冰糕、喝冷飲的好去處。民初北京、上海、武漢、南京等大城市裏就又增添了這麼一個新的行業。大多供應紅豆冰、菠蘿冰、荔枝冰和汽水等。也成了時髦男女幽會、歇足的好地方。

## 茶館

　　清人朱梅溪在《周浦油車巷竹枝詞》中寫到茶館一行：

> 義園茶館大排場，遠客偕來泡茗嘗。
>
> 老虎湯兒開滿碗，談談聊聊話中腸。

　　清同治初年，上海茶館開始興盛。著名老茶館麗水臺建於洋涇浜三茅閣橋邊，高閣臨流，背靠東棋盤街，坐落於青樓環繞之中。有「繞樓四面花如海，倚遍欄杆任品題」之稱，是文人雅士、富紳闊少流連的地方。

　　北京的茶館就更多了。老舍先生筆下的《茶館》是最典型、最具體的寫照。茶館可以分做兩種。第一種是和唱大鼓書有連帶關係的，那就是說在唱大鼓書的臺下，擺了許多茶座。都是白色臺布，白色椅墊、茶具也極精緻，以便在欣賞名角的藝術之餘，泡壺香片或來碟瓜子、花生仁之類。第二種就是野茶館，是供給一般勞動者工作完畢，來到這裡泡壺高沫兒，坐一坐，緩解困乏。這種茶館設備很簡單，幾條長桌子和長凳子，東倒西歪地擺著，大磚灶上面放了幾隻碩大無朋的鐵壺煮開水。茶客都是「老北京」，提著鳥籠了、敞著衣襟出來溜達溜達，順便在這些茶館裏坐下，喝碗豆漿，吃套燒餅。下午顧客增多，三點到五點，正是他們高朋滿座的時候。一天的財源收入都集中於此。

　　在茶館幹活服務的人，稱為「茶博士」，雖說他們是沏茶倒水、招待顧客的服務員，因為常年受五行八作人等的薰陶，一個個也都廣有見識，博聞強記，與茶客隨便聊上幾句，也都有幾分儒雅。

## 賣羊肉粥

　　古時稱羊肉為羖肉，羝肉或羯肉。羊肉既能御風寒，又可補身體，對一般風寒咳嗽、慢性氣管炎、虛寒哮喘、腎虧陽痿、腹部冷痛等一切虛症，均有治療和補益的效果。據《本草綱目》記載：羊肉具有「暖中補虛，開胃健力，滋腎氣。養肝明目，健脾健胃，補肺助氣」等功效。因此，常吃羊肉可以去濕氣、避寒冷、暖心胃、補元陽。俗話說：「冬吃羊肉賽人參，春夏秋食亦強身」。羊肉最適宜於冬季食用，故而稱為冬令補品，深受人們歡迎。

用羊肉熬粥是南方市民很愛吃的一種大眾小食。但是，由於羊肉有一股令人討厭的膻氣味，一般人都不會炮製，所以羊肉時常被人冷落。而賣羊肉粥的小販自有絕招，他們在燉羊肉的時候，放入一定數量的甘草、料酒和生薑一起烹調，既能去其膻氣而又可保持羊肉獨有的風味。用粳米熬粥時，須待到粳米熬得脹裂以後，再加入羊肉、生薑片，用大火猛燉。粥快熬成時，再加入適量的油、鹽等調味品。香氣可傳出十步之。只是粥中的羊肉並不講究，一些羊筋羊血也多混之於內，並不十分衛生。有時熬出的粥呈灰色。時人有詩謔之：

　　縱使羶腥勝苦齋，充饑何必飲灰稀；
　　清貧難得肥甘味，莫笑衛生程度低。

舊日街道路旁的粥棚，大多數是賣羊肉粥的。冒著寒風出來幹活打工的人們，花上兩大枚銅子兒，可以盛上一大碗熱氣騰騰的羊肉粥，就著大餅、包子一吃，既解饞又解飽，真是大快朵頤。

## 青菜挑兒

青菜挑兒是城市近郊菜農的一種營生。他們每天起得很早，挑著兩隻荊條筐，先到自家地裏摘下一些新鮮的蔬菜，什麼白菜、韭菜、蔥、薑、蘿蔔之屬。用菜園子裏的井水稍加洗滌，然後整齊地碼放在筐裏，挑起來，一溜兒小跑，就向城裏衝去。為的是盡早趕到城裏，賣上個好價錢。

　　這種青菜挑兒的生意有兩種做法，一種是趕早市，進入菜市場裏，把挑子往地上一撂，與其他賣菜的小販一起就地售賣。任憑趕早市的家庭主婦挑揀、劃價。售賣遙菜價隨行就市。一到中午就賣得差不離了。若是還剩下些菜，就賤賣處理，趕早回家。回去的時候，往往也不讓挑子空著，順手買些便宜的米麵副食，捎帶回去打發生活。

　　還有一種賣法，就是不進菜市場，而是挑著青菜挑子走街串巷，採用送貨上門的方式，吆喝著賣。還要吆喝出來跟唱歌的一樣好聽，講究十幾樣、二十幾樣一口氣兒吆喝出來。如同侯寶林說的相聲一樣：「香菜辣蓁椒哇，溝蔥嫩芹菜來，扁豆茄子黃瓜、架冬瓜買大海茄、買蘿蔔、紅蘿蔔、卞蘿蔔、嫩芽的香椿啊、蒜來好韭菜呀。」有本領的還能拴上些老主顧。他在門外吆喝上一兩聲，三姑、二大爺、老奶奶們就都走出來了。你一把、他一把地，走不上兩條街，菜就都賣出去了。要是拴上兩戶大宅門，菜就直接挑進院子裏去了。不過，宅門要的可都是精細菜，沒那個資本，可就攬不上這路買賣。

## 賣櫻桃

　　櫻桃，是上市最早的一種水果，人稱「百果第一枝」。據說，黃鶯特別喜吃這種果子，所以人稱「鶯桃」。久而久之，便寫成了櫻桃。櫻桃的果實色澤紅豔、光潔玲瓏，如同瑪瑙一樣。味道甘甜，微酸，既可以鮮食，又可醃製成果脯，或作為其他食品的點綴，特別招人喜愛。櫻桃的品種很多，有紅燈、早紅、大黃、先鋒、拉賓斯等等。其中，尤以紅燈和大黃最是常見。

　　櫻桃出現得很早，考古工作者曾在商代和戰國時期的古墓中，發掘出櫻桃的種子。三千年前的《禮記》中也已有了櫻桃的記載：「仲夏之日以會桃先薦寢廟」。這裡所指的「會桃」，就是櫻桃。它是向朝廷進獻的一種「貢果」。梁宣帝有《櫻桃賦》寫道：

　　　　懿夫櫻桃之為樹，先百果而含榮，

　　　　既離離而春就，乍苒苒而東迎。

　　可見，櫻桃在各種水果中所排列的地位是相當高的。但是櫻桃保鮮期短，短不易保存。櫻桃成熟時，常有小販爭著「賣鮮兒」。他們從山裏薹了出來，用籃子跨入市井售賣。鮮紅色的櫻桃在碧綠的葉子的襯托之下，晶瑩剔透使人饞涎欲滴。此時的櫻桃是很珍稀的，小販用秤稱後，分入小籃來賣，價錢很貴。清代詩人在《都門竹枝詞》中寫道：

　　　　論對櫻桃上市鮮，一叢更要百文錢。

　　　　緣何萬事開盧口，五百銅錢算一千。

## 賣荸薺

　　荸薺，是莎草科淺水性宿根草本植物，它的球莖可當做蔬菜食用。古代人們稱荸薺為「鳧茈」，俗稱馬蹄，又稱「地栗」，因為它的形狀與馬蹄相似，又像栗子，因而得名。荸薺皮色紫黑、肉質潔白，味甜多汁、清脆可口，亦有「地下雪梨」的美譽。北方人視它為江南人參，南方人視荸薺為時令之品，既可作為水果，又可算作蔬菜。應時上市，佐餐佐酒妙不可言。清人錢孫鍾有《三泖棹歌》吟詠江南風物。他在詩中寫道：

阿沈家住泖西鄉，水閣冬暖夏復涼。
更愛秋來風物好，雞頭菱角任郎嘗。

　　在荸薺長成的時候，鄉間販賣雞頭米、菱角的小販，也賣新踩出來的荸薺。荸薺生長在田間的爛泥裏，成熟之際，都是由鄉間婦女下水田，用兩隻赤腳踩將出來。荸薺是冬春盛行的時令果品，以個大、紫黑髮亮無破損者為上品。《本草綱目》稱：荸薺「主消渴痹熱，溫中益氣，下丹石，消風毒，除胸中實熱氣」。

　　民初，賣荸薺的都是鄉下人沒文化，他們自有自己琢磨出來的妙招。他們把古代的列子奉為祖師爺，使荸薺也能賣出好價錢。賣荸薺的每到一處，把荸薺往地上一攤，就開始念叨：「我的荸薺仙地生。列子爺爺都看中，可我生冰不認秤，列子爺爺給託夢，讓我半斤半斤慢慢稱。前半斤讓我賣兩毛，後半斤三毛不找。誰要是缺斤少兩把人坑，大家可以砸折我的秤。用秤砣往我的頭上楞。」人們圖便宜，全都不買前半斤，而專買後半斤的。其實，這後半斤也就是一斤了。還有一種賣荸薺的小販把荸薺焐熟後，用竹籤穿成串兒賣。好像糖葫蘆一樣論串兒賣，也是一種討俏的好生意。

## 炒瓜子

豐子愷先生有一篇散文《吃瓜子》，他說：從前聽人說，中國人人人具有三種博士的資格。拿筷子博士、吹煤頭紙博士、吃瓜子博士。我以為中國人的三種博士才能中，吃瓜子的才能最可歎佩。常見閒散的少爺們，一隻手指間夾著一支香煙，一隻手握著一把瓜子，且吸且咬、且咬且吃、且吃且談、且談且笑，從容自由，真是「交關寫意」，他們不須揀選瓜子，也不須用手指去剝遙。一粒瓜子塞進了口裏，只消「格冶地一咬，哒地一吐，早已把所有的殼吐出。在那裡嚼食瓜子的肉了。那嘴巴真像一具精巧靈敏的機器，不絕地塞進瓜子去，不絕地「格冶，哒、哒地吃，全不費力。可以永無罷休。女人們吃瓜子，態度尤加來得美妙。她們用蘭花似的手指拿住瓜子的圓端，把瓜子垂直地塞在門牙中間，而用門牙去咬它的尖端，的、的，兩響，兩瓣殼的尖頭便向左右綻裂，然後那手敏捷地轉個方向，同時頭也幫著了微微地一側，使瓜子水平地放在門牙口，用上下兩門牙把兩瓣殼分別撥開，咬住了瓜子肉的尖端而抽它出來吃。這吃法不但「的、的」的聲音清脆可聽，那手和頭轉側的姿勢窈窕得很有些兒嫵媚動人，連丟去的瓜子殼也模樣姣好，有如朵朵蘭花。」

市井中賣瓜子的小販很多，有坐店經營的，也有在街上現炒現賣的。坐店經營的不及街頭賣瓜子的生意好。在街頭賣瓜子的，是在挑子上支著鍋，現炒現賣，生意十分紅火。人們吃著瓜子兒，皮脆仁酥、香甜可口，看著小販操作，也並沒有什麼神奇之處。可人人心中納悶，緣何自己就炒不出這種香味來呢？